这个季节
我不再迷茫

ZHEGE JIJIE
WO BUZAI MIMANG

侯秀红　赵江东 ◎ 编著

黄河出版传媒集团
阳 光 出 版 社

图书在版编目（CIP）数据

这个季节我不再迷茫 / 侯秀红，赵江东编著. — 银川：阳光出版社，2016.2
ISBN 978-7-5525-2421-5

Ⅰ. ①这… Ⅱ. ①侯… ②赵… Ⅲ. ①青春期 – 家庭教育 Ⅳ. ①G78

中国版本图书馆CIP数据核字（2016）第040712号

这个季节我不再迷茫　　侯秀红　赵江东　编著

责任编辑　冯中鹏　赵维娟
封面设计　赵　静
责任印制　岳建宁

黄河出版传媒集团
阳光出版社　出版发行

出 版 人　王杨宝
地　　址　宁夏银川市北京东路139号出版大厦（750001）
网　　址　http://www.yrpubm.com
网上书店　http://www.hh-book.com
电子信箱　yangguang@yrpubm.com
邮购电话　0951-5014139
经　　销　全国新华书店
印刷装订　宁夏凤鸣彩印广告有限公司
印刷委托书号　(宁)0000044

开　　本　787mm × 1092mm　1/16
印　　张　11.75
字　　数　180千字
版　　次　2016年2月第1版
印　　次　2016年2月第1次印刷
书　　号　ISBN 978-7-5525-2421-5/I · 664

定　　价　18.00元

序言

叶圣陶说过："教育是什么，往简单方面说，只有一句话，就是养成良好的行为习惯。"

教育的使命是帮助受教育者学会做人，学会做事，学会学习。教育的目的是培养德智体美劳全面发展的社会主义建设者和接班人。青少年是祖国未来的建设者，是中国特色社会主义事业的接班人。青少年思想道德和行为习惯状况如何，直接关系到中华民族的整体素质，关系到国家前途和民族命运。从总体上看，当代青少年的思想道德和行为习惯状况是良好的。但是在重智轻德的升学观、人才观、文化产品审美错位等因素的影响下，我们不得不承认，一些青少年的思想道德和行为习惯状况也出现了新问题、新情况。

五千年的悠久历史，孕育了中华民族的文明与美德。然而今天，众星捧月式的溺爱为孩子们创造了养尊处优的家庭生活环境，学校及人才评价体系对学生重智育轻德育的偏颇，崇尚个性张扬的社会大环境的熏染，使得一些孩子逐渐养成了以自我为中心的行为习惯。他们狭隘、自私、偏激、懒惰、目无尊长、不讲礼仪，缺乏独立意识、责任意识、感恩意识……尊重与珍惜似乎成了没必要的东西，自强与自立距离他们越来越远，传统文明礼仪与美德严重缺失，这些品行严重影响了青年一代的健康成长与发展。

社会在发展，文明在进步。作为新时代的中小学生除应具有扎实的文化科学基础知识、健康的体魄、一定的劳动技能外，尤其要具有文明的礼仪、高尚的道德、良好的习惯。中小学生正是品格、品德、习惯、性格形成的最佳时期，也是人生观、世界观、价值观逐步形成的重要时期。青少年阶段可塑性强，易于培养。在这个阶段，培养学生的良好品德和习惯尤为重要，从某种角度来说，比获得知识更重要。教会他们宽容、创造、诚信、勤劳、感恩、创新、自立、奋斗，会使他们终生受益匪浅！

为此，作为教育工作者，我们必须转变观念，与时俱进。在传授知识的同时，把培养学生品德与习惯作为教育中的重中之重。强化学生的人格品行，帮助学生树立正确的人生观、价值观、世界观。从自尊自强、活泼开朗、主动热情、刚毅果敢、惜时守信、勇于创新、勤俭刻苦、尊重感恩、立志成才等方面教育培养新一代青少年，使他们真正成为有理想、有道德、有文化、有纪律的具有完备品格的社会栋梁之才。这也是时代对我们中小学校和教育工作者提出的更高要求。

印度一位诗人说：“把一个信念播种下去，收获到的是一个行动；把一个行动播种下去，收获到的是一个习惯；把一个习惯播种下去，收获到的是一个性格；把一个性格播种下去，收获到的是一个命运。”

我们希望通过组织老师编写品德与行为养成教育方面的校本教材，在我们的学生身上播种信念，使他们养成好的习惯，形成好的性格，使他们摆脱迷茫，找准人生方向，收获到一个完全战胜自我的命运！

2015年12月

目录

家庭篇

学校篇

社会篇

家庭篇

自古以来，家让人们寄托的情感太多太多。一谈到家，那浓浓的情意与温暖，那甜蜜的关怀与体贴，那种归宿感和安全感，便会油然而生！

在我的记忆里，家是那永远不变的色彩，父亲的管教、母亲的唠叨，还有那些五颜六色的童年回忆，无论何时，无论何地，总也挥之不去。

诗人冰心说过：“天上的风雨来了，鸟儿躲进母亲的巢里；人间的风雨来了，女儿躲进母亲的怀里。”

家，不就是包容你我的怀抱吗？

家，是一个提起它就感到温馨，想起它就令人神往的字眼。家是每个人最熟悉的地方。那里有我们最亲爱的家人，最心爱的东西，最舒适的小屋，最美好的记忆。它是每个人最早接触的社会，是每个人终身依附的港湾。

你从什么时候开始，认识到自己也要为家负责了？也许是看到了爸爸期待的眼光，也许是看到了妈妈忙碌的背影，也许是完成了一件爸爸交代的工作，也许是感到妈妈对自己的信任越来越强烈……

童年的脚步渐渐远去，在不知不觉中，你的世界扩大了，你的智慧和本领增长了，那么，在尽情享受家的温暖的同时，你是否也该为自己的家做点什么呢？是否也感到自己的责任在逐渐增大呢？

学做家务好处多

8月初，小菲的大学录取通知书到了。她以优异的成绩考上了南方一所名牌大学，一家人都很高兴，可当天下午小菲的奶奶突然病了，爸爸妈妈都赶到了医院。

当天晚上，小菲一个人在家。她在楼下买了饭，吃完就把碗筷放在水池里，想洗出来却把碗打碎了，收拾碎片的时候又把手指划破了。那一刻她突然意识到自己什么也不会干，就连袜子都洗不好，离开妈妈怎么生活啊！要是生病了怎么办？……小菲急得哭了。

她说她不知道怎么和同寝室的人相处，也不会照顾自己，所以她后悔了，害怕了，不想去南方上学了，她要退学复读再考本市的大学。

妈妈说："女儿考试成绩很好，超过一本线很多分！成绩刚出来时全家人都乐坏了，我逢人就说我姑娘争气，可这孩子又不想去了，唉！"对小菲的决定，父母当然不同意。可之后的日子小菲严重失眠、焦虑，总是莫名其妙地发脾气，哭闹。

眼看要开学了，父母说不动小菲，就带她到一家心理诊所，小菲坐在心理医生面前一直抹眼泪，妈妈则叹气摇头。最后小菲对心理医生说：“你辅导我也没用，我什么也不会做，我不想离开爸爸妈妈。”

妈妈无奈地表示，女儿要求复读的理由是离开了家不知道怎么生活下去，“都怨我！真是被我宠坏了”。

其实我们都知道，像小菲同学的这种情况并不是个例，而已经成为一种普遍现象。现在许多家长在孩子中小学阶段什么也不让干，导致许多学生的生活自理能力、社会经验等严重不足。许多孩子担心离开父母没法生活，甚至对大学生活感到无助和恐惧。

大凡做父母的人都有一种真切的感受，似乎总有做不完的家务事，其中大部分的家务事是围绕孩子的。为孩子做可口的饭菜，为孩子洗衣服，为孩子收拾他们随手乱扔的东西。有的家长一直跟在孩子屁股后面伺候这些“小皇帝”“小公主”，忙得不亦乐乎，可孩子们却感觉不到这些，心安理得地享受着这一切。

现在的中学生，十五六岁的年纪应该能做很多家务事了，可是多数同学却很少做家务，理所当然地认为那只是爸爸妈妈的事情。自己的房间乱成个“狗窝”，被子胡乱堆在床上，书、衣服、玩具、袜子到处乱扔，搞得连下脚的地方都没有，书桌上乱七八糟什么都有，还理直气壮地对父母说：“我们学习忙，大家都这样！”

做做家务其实也耽误不了什么，所以同学们不要害怕做家务，不要把家务当作一种负担，你不妨将做家务视作一项活动筋骨的健身减肥运动，或是从喧闹的教室、长时间的学习中能暂时脱身的一种“解放”。这样，做家务的兴致便会油然而生，就能轻松悠然地去做家务。

一个人的自理自立能力往往就是从做家务开始培养起来的，对于同学们来说，学会做一些家务活，或者乐于做家务，不仅不会影响你的学习，还会给你的成长带来诸多好处。

● **做家务有利于培养我们热爱劳动、珍惜劳动成果的好品德**

劳动，是创造和获取物质财富的根本途径；劳动，是谋生的基本手段。现在的青少年，大多不了解物质财富的来之不易，不了解父母工作的千辛万苦；但是花钱却大手大脚，不爱惜财物。只有让他们自己亲手劳动后，才会明白创造财富的不易，就会逐步改掉胡乱花钱的不良习惯，养成爱惜财物的好习惯。

温州某民办中学住校学生王宏宇，在同学中小有名气，这不是因为他成绩好，也不是因为他社交能力强，而是因为他袜子多。这个学期，王宏宇从家里带了600双袜子，一部分自己穿，一部分送给同学们。两天换一双，脏了就丢掉。同学们因此而送他一个雅号——“袜子哥”。

王宏宇老家在浙江诸暨，袜子是出门时爸爸亲手给他装的，他家里就是办袜子厂的，袜子要多少有多少。

作为家长，从小为孩子包办一切，却没根据孩子的年龄和社会环境的变化来改变教育的方式，这是不对的。作为孩子，一味依赖父母，不懂得在各个方面完善自己，缺乏自理能力，很不利于将来走向社会。

● **做家务有利于养成勤劳的习惯和培养劳动技能**

从小参加家务劳动，不但能掌握一定的劳动技能，而且会养成勤劳的好习惯。一旦走出家庭，走向社会，这些技能和习惯，就会在集体生活中表现出来，受到大家的欢迎。

开学不到半个月，来自本地的大一新生叶莹几乎没几天就要回趟家。用她的话说，除了想爸妈，更多的是给他们带点“礼物”——每次一整包的脏衣服。

“女儿上了大学之后，现在一回家留给我一堆‘洗衣作业’。”叶莹爸爸说，“这两天气温骤降，女儿也不知道自己添加衣服，居然还穿着夏天时的短裙，感冒了才打电话让我赶紧开车送厚衣服来，还好是在本地上学，真去了外地我们怎么能放心。”

大学开学第一天，叶莹宿舍6人全部迟到。“在家都是爸妈喊我起床，没有自己定闹钟的习惯，没想到大家都这样，结果全睡过点了。”叶莹不好意思地说，上了大学她才发现自己独立生活的经验太少了。“第一次自己去锅炉房打开水，结果烫伤了手，疼得直哭，也不知道去哪找消炎药。”

叶莹的宿舍乱到下不去脚，她们觉得多少个桌子都不够用，除了课本之外，还要“安置”各种化妆品的瓶瓶罐罐、毛绒玩具、“苹果三件套”等。就连衣橱，都塞得关不上门了，多出来的衣服干脆扔在床上，本来不宽的地面又出现东一只西一只的高跟鞋。叶莹的姐妹们每晚都得在长途电话里问爸妈：床单要多久换一次？几盆水能洗干净一件外套？……而面对寝室里突然断电、阳台漏雨、屋内设施损坏等问题，她们更不清楚该向哪些部门寻求帮助。

面对此情此景，我们应该认真思考一下，这到底是谁的错?

联合国教育科学文化组织（UNESCO）指出，教育过程有四大支柱：学会认知、学会做事、学会共同生活、学会生存。会念书，能考上大学，只能代表认知学习情况够水平，但并不意味着能力已经全面发展，更不代表未来能够顺利获得成功，生活得好。

● 做家务有利于增强孩子的智力

学做家务，可以学到许多书本上学不到的知识。家庭是个小社会，家庭生活的内容涉及各种知识。许多青少年的小发明、小创造成果，大多是在家务劳动的实践操作中受到启发而产生的。多做家务，肯定对孩子的智力开发有利。

初中生王华从小家庭生活非常优越，父母在外忙于生意，家中请了两个保姆，一个负责家中日常生活，一个专门负责照顾王华，一切都不用王华动手。小的时候王华出于好奇有时会学着保姆的样子要擦桌子擦地，妈妈就说："没出息，这些事不用你干，你天生就不是干这个的命，这是下人做的事情，你要做人上人。"幼小的王华看到母亲每天对保姆挑三拣四，从来没有满意的时候，也渐渐地有了优越感，以为自己天生就是人上人，好吃懒做是人生最大的幸福。在学校时，老师让她摆一下椅子，她会说："我妈妈说干这种事没出息，我要做人上人。"结果，这孩子越来越懒惰，而且由于懒于运动身体也越来越胖，最后连脑子也懒得动了，学习自然也跟不上。

在紧张的学习之余，做一点家务，是一种积极的休息，不但可以通过改变活动形式来调节大脑机能，而且有利于增强体质，促进健康。现在随着生活条件的改善，小胖胖越来越多了，其中一个重要原因就是这些孩子懒于活动，光吃不活动不长肉才怪呢！

● **做家务有利于培养独立的生活能力**

一个人做家务能力强，生活技能高，独立生活能力就强，从而能对生活充满自信心，能独立面对各种困难。许多青年人生活能力差，缺乏自立意识和能力，所处环境稍有变化，就很难适应，究其原因，主要是从小缺乏家务劳动锻炼。

去年9月份，还不到16岁的孙同学从县城考上了省城某高中。父母满怀着欣喜把儿子送到了学校。住进了学校集体宿舍的小孙，却不习惯于和同学们住在一起。“太吵了，太压抑了！”小孙向父母这样抱怨。更严重的是，住进了集体宿舍，生活各方面都需要自己打理，可小孙却什么都不会。第一次泡方便面，他竟然用半温的水，结果面还是那么硬，根本没法吃。看到儿子生活如此“困难”，最心疼的是小孙的父母。最后夫妻俩一合计，让妈妈留在省城陪儿子读书。于是，还不到50岁的葛女士每天要做的事就是给儿子洗衣做饭，照顾他的生活。

葛女士向附近邻居介绍了自己家里的情况。小孙的家境非常不错，爸爸在县城做生意，葛女士原在一家企业上班。因企业效益不好，儿子又上中学了，到了读书的关键时期，于是葛女士干脆就退下来，一门心思服侍儿子。小孙喜欢吃什么、喝什么、穿什么，葛女士比他自己还清楚。而勤劳的葛女士只盼望儿子好好读书，什么事都不要他做。

由于小孙无法“自立”，以至于上高中之后，依旧离不开妈妈。没有妈妈的陪读，生活状况和精神状态都是一团糟。

● **做家务有利于培养交往能力**

家务劳动，也需要与外界交往，如采购、邻居往来、公益事务等。让孩子经常去做这些事，会逐步学会怎样与他人打交道，提高交往能力，而交往能力，是我们今后独立生活不可缺少的能力。

在美国，有许多打零工的“少爷”们。比如17岁的美国孩子史蒂文。他是父母的独生子，父亲开了六七家文具连锁店，母亲温妮是一家商业银行的业务巡视员，按中国人的眼光，他是一个标准的“富二代”。可是他却利用假期来到奎恩镇帮助毕力夫妇修理破旧的庄园。史蒂文到小镇来，是温妮开着自家的轿车送来的。温妮说：“说清楚需要他干些什么，他一定会完成得很出色。”果然，史蒂文就住在那栋乱糟糟的房子里，每天就吃面包、喝热牛奶，每周回家一次改善生活。三周后，他把需要修理的地方拆除得干干净净，里里外外没积存下一点拆下来的东西。他也理所应当地得到了800美元。他的妈妈温妮说："史蒂文上个假期去我们银行总部打工搞清洁。每天要扫40多个厕所，同事们对我说，史蒂文打扫的厕所比以往任何一个清洁工打扫得都干净。他勤快又热心，大家都非常喜欢他 。"说着温妮露出了自豪的神情。

由此可见，我们要求孩子的不仅仅是学习成绩，还有自理、自立的能力。一味地追求学习成绩，只会让许多孩子变成"高分低能"的人。在这个千变万化，竞争激烈的社会，我想肯定不会需要"高分低能"的人。

● 做家务有利于培养审美情操

美，来自生活，来自劳动。审美情操，来自对生活实践的体验。房间居室不经常打扫布置，就不会有居室环境的美；待人接物不妥当，就感受不到与人交往的行为美；懒惰笨拙，就无法体会到劳动创造的成果美。人的审美情操，就是从家务劳动，从平常的具体的洗涤、打扫、整理、布置、帮助他人、关心他人等实实在在的劳动实践中逐步培养起来的。高尚的情操，非一日之功，不会一蹴而就，要靠长期的熏陶和培养。

只有我们分担家务之后，亲身体验到家务劳动的繁杂，才会体会到父母终日辛苦操劳的不易，才会真正感受和珍视父母平日不让我们做家务的良苦爱心。同时，父母和孩子共同做家务，也会给家庭带来一种融洽、和谐、欢乐的气氛。孩子的勤劳也会感动父母，让父母倍感欣慰！

同学们，从现在起就养成爱劳动的好习惯吧。久而久之，你会发现劳动不但给你带来许多乐趣，还陶冶了你的性情，锻炼了你的能力，你的人生价值也得到了体现。

不管科学有多发达，社会发展到了什么时代，劳动永远都是人类生存的最基本的技能。没有劳动就不会有幸福和快乐；没有劳动就不会有一个不断创新的世界！

孩子们，让我们就从做家务开始体验劳动的乐趣和个人的价值吧！

校园幽默

有一天上课，小琴又在玩手机。不知道什么时候，老师走过来了，气愤地说："你根本没把我放在眼里。"小琴却含冤似的说："老师，不是我没把你放在眼里，只因为我确实没看到你过来……"

做事情要有条理

敏捷而有效率地工作，就要善于安排工作的次序，分配时间和选择要点。只是要注意这种分配不可过于细密琐碎，善于选择要点就意味着节约时间，而不得要领地瞎忙等于乱放空炮。

——培根

做事没有条理、没有秩序的人，无论做什么事，都很难取得最后的成功。而做事有条理、有秩序的人，即使才能平平，也往往会有一定成绩。

大自然中，任何果实的成熟都需要一定的过程，只有经历了开花、结果、长大、去涩、变味的过程，才会有果实成熟的甘甜和美味。

任何一件事，从计划到实现，总会经历一段时间，要不慌不忙、沉静地等待适合的机会到来。应该按计划有条不紊地去执行，假如过于急躁而忽略过程的话，就经常会遭到破坏性的阻碍，最终一事无成。

因此，无论何时，我们做事情都要有条理，都要有耐心。抑制焦急不安的情绪，有条理地一步一步去做，才会是真正的赢家。

一位企业家曾谈起他遇到的性格截然不同的两种人：

有个性急的人，不管你在什么时候遇见他，他都表现得风风火火的样子。如果要同他谈话，他只能拿出几秒钟的时间，时间长一点，他就会伸手把表看了又看，暗示着他的时间紧张。他公司的业务做得虽然很大，但是开销更大。究其原因，主要是他的工作安排毫无秩序。他做起事来，也常被杂乱的东西所阻碍。结果，他的工作一团糟，他的办公桌简直就是一个垃圾堆。他经常忙得焦头烂额，从来没有时间整理自己的东西，即使有时间，他也不知道怎样去整理。

另外一个人，与上述那个人恰恰相反。他从来不显出忙碌的样子，做事非常镇静，总是很平静祥和。别人不论有什么难事和他商谈，他总是彬彬有礼。在他的公司里，所有员工都安静地认真工作，各样东西安放得有条不紊，各种事务也安排得恰到好处。他每晚都要整理自己的办公桌，对于重要的信件立即就回复，并且把信件整理得井井有条。所以，尽管他经营的规模要大过前述那个商人，但别人从外表上总看不出他有一丝一毫的慌乱。他每件事都办得清清楚楚，他那富有条理、讲求秩序的作风，影响着全公司。于是，他的每一个员工，做起事来也都极有秩序，因此，公司呈现一片生机盎然的景象。

显然，更多的人喜欢后一种人，企业也更愿意聘用这种人。工作有秩序，工作起来有条有理，就不会浪费时间，不会扰乱自己的神志，办事效率也会很高。

学习也是同样的道理，你如果很会安排学习时间，你的时间也一定会很充足，你的学习也必定能依照你预定的目标而发展。有计划地进行学习是提高学习效率的重要保证，历届高考状元在介绍自己成功经验的时候，无不表示有计划的编排学习内容、组织复习是取得好成绩的关键。

我们有些同学学习上老是声东击西、没有安排、常常被搞得手忙脚乱。生活中也养成了做事毛毛躁躁、拖拖拉拉、乱无头绪的坏习惯。可不要小看它，它害人不浅。

现在，我们就尝试用一个月的时间来改变自己做事没有条理的坏毛病，一个月后一定会有所进步。

首先在思路上要有条理，晚上睡觉前先想好自己明天要干些什么，做事情时，时常提醒自己“先干什么”“后干什么”“不能干什么”。经常训练，一定会有所收获。

有一个商人，在小镇上做了十几年的生意，到后来，他竟然失败了。当一位债主跑来向他要债的时候，这位可怜的商人正在思考他失败的原因。

商人问债主：“我为什么会失败呢？难道是我对顾客不热情、不客气吗？”

债主说：“也许事情并没有你想得那么可怕，你不是还有许多资产吗？你完全可以再从头做起！”

“什么？再从头做起？”商人有些生气。

“是的，你应该把你目前经营的情况列在一张资产负债表上，好好清算一下，然后再从头做起。”债主好意劝道。

“你的意思是要我把所有的资产和负债项目详细核算一下，列出一张表格吗？是要把门面、地板、桌椅、橱柜、窗户都重新洗刷、油漆一下，重新开张吗？”商人有些纳闷。

“是的！”债主坚定地说道。

“事实上，这些事情我早在一年前就想做了，但是一直没有去做。

也许你说的是对的。”商人喃喃自语道。

后来，他确实按债主的主意去做了，在晚年的时候，他的生意成功了！

对于同学们来说，现在一切都不算晚，即使已有了一些坏习惯，只要你下决心去改正，坏习惯也会离你远去。

其次，做事有计划同样是非常重要的。做事没有计划的人，无论从事哪一行都不可能取得成功。事实上，做事有计划对于一个人来说，不仅是一种做事的习惯，更重要的是反映了他的做事态度，是能否取得成就的重要因素。

有个亲戚托我介绍他的大学生儿子到我朋友的律师事务所实习。为了测试一下这个学生的办事能力，我朋友要他去打印一沓文稿，且有意没有标注页码。等他拿过来时，我朋友又故意不小心弄翻在地上，结果顺序都打乱了，这学生一张一张地捡起来，因为弄不清顺序，搞得满头大汗。

最后，朋友对这个大学生说：“既然打印文稿，为何你没想到要标注页码，将它装订起来？平时做事要用心用脑去做，别人没有要求你做的事都要想到他的N种可能性，力求做得完美。”

这件事就足以证明这个学生不是一个做事有条理的人，他不适合律师这个职业。

所以，成功者的定律是：生活中处处皆学问，要多积累，遇事多思考；自我抉择，比别人多想一步，力求完美！

再次，做事有条理就是要树立时间观念，学会守时。守时就是要科学地安排时间，做事有条不紊、讲究效率，要有一定的自控能力。

制订时间表，科学地安排每天的作息时间，这是一个培养做事有条理的最好方式。但是，在制订时间表时，应该量力而定，预定的内容必须是自己每天能完成的事情，然后规定在哪个时间段去完成。当我们完成一件事情后，就在该事情的后面打个钩，这样做事情的积极性就会提高。对于没有按时完成的事情，要寻找原因。如果实在做不到，就要对自己制订的时间表做适当调整，做好自我管理。时间长了就会慢慢养成做事有条理的好习惯。

还有一点就是，要有物归原处的好习惯。无论是在家里还是学校、宿舍，学习资料、生活用品或衣物都要能随时“物归原处”。这样做的好处是，用的时候不必耗时费力地到处找呀找个不休。

有个中国教育家去美国学习观摩幼儿教育，在旧金山“中美国际学校”的幼儿班里，一堂绘画课正接近尾声。老师一声令下：“大家在地毯上围个圆圈坐下来。”孩子们马上起身，把椅子摆放整齐、把身边用过的东西全部放回原处，然后坐下。老师说，每次室内活动，孩子玩完了一种玩具，都先把它们放回原处，然后玩另一样。

看到这些，他感慨地说了一句话：“如果当年在幼儿园里，老师也这样训练我，或者我父母懂得这样教育的话，如今我就不会如此丢三落四……”

在学校，我们也要求孩子们养成“物归原处”的习惯。在家里，家长们也很重视“收拾”问题，但我们的孩子总是做得不尽如人意。

在这方面，有些同学也许已经养成做事邋遢的坏习惯了，不要紧。老师还可以教你一些立竿见影的方法，让你也变成一个做事有条理的人。

记住，马上就做！惰性只会让你的工作堆成堆，生活学习一团糟。

◆ 善用垃圾箱。有条理的人在扔掉无用的东西时从来不想用第二回。没用就是没用，不要有“万一哪天用得上”这种想法而让垃圾占据你的空间。

◆ 形成规律。有条理的人不会等到最后一天才清理卫生间，他们总是在第一时间刷掉马桶上的污渍，刷完牙就擦干净镜子，换完衣服就马上挂起来，起床后一定会整理好被褥等等。让严谨变成一种习惯。

◆ 收拾好自己的东西。时常看看你的周围，是否所有的东西都各就各位了。不要怕花费自己的一点点精力，经常花一点时间随手清理一下，会帮你节省更多的时间和精力。

◆ 归类收纳。买一些有用的收容用具，诸如文件柜、收纳盒等等，把同类物品归类存放，用的时候非常方便，不会东找西找的，把自己搞得很被动。

◆ 尝试使用一些日常计划工具。日程表、工作手册、PDA或者一个网站，培养自己为每天、每周乃至每月做计划的能力。做事之前看看计划表，要考虑哪些事情先做哪些事情后做，有计划有步骤有条理，善始善终不半途而废。

校园幽默

在一堂数学课上，老师问同学们：“谁能出一道关于时间的问题？” 话音刚落，有一个学生举手站起来问：“老师，什么时候下课？”

细节养成习惯

中国道家创始人老子有句名言：“天下大事必作于细，天下难事必作于易”。意思是做大事必须从小事开始，做难事必定从容易的事做起。

这句话精辟地指出了我们要成就一番大事业，要有所作为，就要从我们身边的小事做起，把一个个小的胜利果实聚集起来，才能获得更大的胜利果实。

然而在我们的周围，想做大事的人很多，但愿意把小事做细的人很少；雄韬伟略的指挥家很多，而落到实处的执行者很少；各类管理规章制度很多，而能不折不扣执行的很少；想进北大清华的同学很多，学习起来精益求精的同学却很少。不管做什么，我们必须改掉心浮气躁、浅尝辄止的毛病，树立细节意识，注重细节，把大事做小、小事做细。

海尔总裁张瑞敏先生在说到我国的员工与日本员工在敬业精神、责任心等方面的差距时有一个经典的说法：如果让一个日本员工每天擦桌子六次，那么这个日本员工一定会不折不扣地执行，每天都会坚持擦六次；可是如果让一个我们的员工去做，那么他在第一天可能擦六次，第二天可能擦六次，但到了第三天，可能就只会擦五次、四次、三次，到后来，就不了了之。

张瑞敏先生有一句名言：把简单的事做好就是不简单，把平凡的事做好就是不平凡！

是的，伟大来自于平凡，往往我们每天需要做的事，就是重复那些所谓平凡的小事。

与日本员工的认真、精细比较起来，我们的员工确实有大而化之、马马虎虎的毛病，以至于社会上“差不多”先生比比皆是，好像、几乎、似乎、将近、大约、大体、大致、大概、可能等等，成了“差不多”先生的常用词。这与他们从小养成一种懒散马虎的坏习惯密切相关。学习上不精益求精，生活上邋里邋遢，等走上工作岗位，这种习惯影响会更大。于是，生产线上的次品出来了，施工场上的事故发生了，动车出轨了，新盖的楼房不久就变成水帘洞了……

不积跬步无以至千里，不积小流无以成江海。今天，我们强调细节，并不是说不要追求远大理想，而是说，要成大事，必须先把眼前的小事做好。

20世纪60年代，苏联宇航员加加林，乘坐“东方”号宇宙飞船进入太空遨游了108分钟，成为世界上第一位进入太空的宇航员。当时几十个宇航员在培训，为什么加加林能脱颖而出呢？原来，在确定人选前一个星期，主设计师罗廖夫发现，在进入飞船参观前，只有加加林一个人把鞋脱下来，只穿袜子进入座舱。就是这个细节，一下子赢得了罗廖夫的好感，感动了他。罗廖夫说：“我只有把飞船交给一个如此爱惜它的人，我才放心。”所以加加林的成功，得益于他良好的习惯。

有人开玩笑说：他的成功从脱鞋开始。

实际上这个故事告诉我们：关注细节，养成好的习惯能够给人带来更多成功的机会，坏的习惯往往使你在不知不觉之中走向失败。

弯下腰，捡起地上并不起眼的小纸片；把拖把、扫帚摆放好；把垃圾袋送到垃圾房；把自己的房间收拾得干干净净；在看见老师时主动问声好；不小心碰落了同学的东西时小声说句对不起；完成每天的学习任务……这些看似不起眼的细节，把它做好，就是人心向善的表现，也是成功的开始。

爱若和布若差不多同时受雇于一家超市，开始时大家都一样，从最底层干起。可不久爱若受到总经理的青睐，一再被提升，从领班直到部门经理。布若却像被遗忘了一般，还在最底层混。终于有一天布若忍无可忍，向总经理提出辞呈，并痛斥总经理狗眼看人低，辛勤工作的人不提拔，倒提那些吹牛拍马的人。总经理耐心地听着，他了解这个小伙子，工作肯吃苦，但似乎缺了点儿什么，缺什么呢？三言两语说不清楚，说清楚了他也不服。于是，他有了个主意。

“布若先生，”总经理说，“您马上到集市上去，看看今天有什么卖的。”布若很快从集市上回来说，刚才集市上只有一个农民拉了车土豆在卖。

“一车大约有多少袋，多少斤？”总经理问。

布若又跑去，回来后说有40袋。

“价格是多少？”布若再次跑到集上去问。

总经理望着跑得气喘吁吁的他说：“请休息一会儿吧，看看爱若是怎么做的。”说完总经理叫来爱若对他说：“爱若先生，您马上到集市上去，看看今天有什么卖的。”

爱若很快从集市上回来了，汇报说到现在为止只有一个农民在卖土豆，有40袋，价格适中，质量很好。这个农民一会还将弄几箱西红柿上市，据他看价格还公道，可以进一些货。为了让总经理最终做决定，他不仅带来了几个土豆和西红柿的样品，而且把那个农民也带来了，他现在正在外面等回话呢。

在这个小故事里，布若是一个勤奋工作肯吃苦的小伙子，为了那些土豆跑了很多趟，但是他就是得不到青睐和提拔，难道是总经理对他有成见吗？当然不是。当我们看到爱若怎样工作的时候就知道答案了。爱若考虑问题周密全面，很多细节都没有落下，只跑了一趟，却带回了总经理需要的全部信息。

我们只要用心留意我们生活学习工作中的每一处细节，用心一一做好，当我们做某一件事情达到一定熟练程度后，就会变成一种潜意识。任何一项工程，都可以分解成为无数个细节，无数个细节严格执行，就会使其变成一种习惯。细节就是习惯，优秀也是一种习惯！

古英格兰有一首著名的民谣：“少了一枚铁钉，掉了一只马掌；掉了一只马掌，丢了一匹战马；丢了一匹战马，败了一场战役；败了一场战役，丢了一个国家。”

这是发生在英国查理三世时期的故事。查理准备与里奇蒙德决一死战，查理让一个马夫去给自己的战马钉马掌，铁匠钉到第四个马掌时，差一个钉子，铁匠便偷偷敷衍了事。不久，查理和对方交上了火，大战中忽然一只马掌掉了，国王被掀翻在地，王国随之易主。

细节决定成败。不能小瞧任何可能影响成功的细节，因为在某些时候正是它们决定着事情的成败。再看看“哥伦比亚”号航天飞机失事的例子：

2003年2月1日美国“哥伦比亚”号航天飞机返回地面途中，着陆时意外发生爆炸，飞机上的七名宇航员全部遇难，全世界感到震惊。事后的调查结果表明，造成这一灾难的凶手竟是一块脱落的隔热瓦。

“哥伦比亚”号表面覆盖着2万余块隔热瓦，能抵御3000摄氏度的高温，以免航天飞机返回大气层时外壳被高温所熔化。1月16日“哥伦比亚”号升空80秒后，一块从燃料箱上脱落的碎片击中了飞机左翼前部的隔热系统。宇航局的高速照相机记录了这一过程。应该说航天飞机的整体性能等很多技术都是一流的，但就因为一小块脱落的隔热瓦就毁灭了价值连城的航天飞机，还有无法用价值衡量的七条宝贵的生命。

成败得失，决定于每一个细节！

中学生是青年预备军，你们的身上寄托着国家和民族的希望。衷心希望你们在学习、生活乃至将来的工作中注重每一个细节，成为现代化建设的主力军。最基本的就是应该遵守《中学生守则》《中学生行为规范细则》，从自身的仪表仪容、言谈举止、生活起居、学习行为、与人交往等方面来进一步养成良好的习惯。我们要从现在做起，从学习、生活、交往的每一个细节做起，比如：穿着朴素，发型大方；不使用手机、MP3；不进入营业性网吧；不在校外摊点吃东西；在食堂就餐时安静有序，不大声说话；进出教室、办公室轻轻推门，随手关门关灯；上下楼梯轻上缓下，靠右行走；排队集会静、齐、快，列队整齐有精神；自觉爱护公共设施；课间不在走廊上、教室里追逐打闹……诸多的细节，不胜枚举。

看不到细节，或者不把细节当回事的人，对学习缺乏认真的态度，对事情只能是敷衍了事。而注重细节的人，不仅能认真地对待每一件事，将小事做细，并且能在做细的过程中找到机会，积累品质，从而使自己走上成功之路。

有一句话说得好："追求伟大，伟大却了无踪影；关注细节，成功却不期而至。"这也正是细节的魅力。希望大家都能从培养自己的好习惯入手，从自己身边的细小事情做起，成就自己的精彩人生！

校园幽默

老师："为什么罗宾德拉纳特。泰戈尔的名字后面，写着1861—1941？"马虎："那是泰戈尔的手机号码。"老师："那中间的横线呢？"马虎："他不想透露全部个人信息呗。"

摆脱“蜗牛族”

我们把平时做事磨磨蹭蹭的人称为“蜗牛族”，因为他们做什么事都像蜗牛一样慢慢腾腾。现在的孩子，“蜗牛族”可是越来越多，远远超过了“追星族”“赶潮族”。这些孩子，遇上个急性子家长或老师，准能急出心脏病来。对照一下，你是不是也是这一族？

早晨起床明明闹钟已骤然响起、声音洪亮，他们就是赖在床上不起来，需要家长多次催促，有的要连哄带唬，有的甚至需要生拉硬拽。起床后穿衣服磨磨唧唧老半天，穿完了他眼睛还没睁开；刷牙、洗脸也慢慢吞吞，家长急得帮他收拾好书包，眼看要迟到他也快不起来；一顿饭吃一个钟头，一口吃几个米粒，比林黛玉还斯文，有的还眼睛看着书或者电视吃饭，父母爷爷奶奶姥姥姥爷一帮人伺候着，催促着，跟皇上“进膳”差不多，还得“劝膳”“催膳”。这些，家长还凑合忍受，最要命的是写字慢，作业慢。明明半小时的作业量，愣做俩钟头，一边写一边玩，你也不知道他在那儿摆弄什么。家长过去催一催，写两道题，家长一走，又摆弄上了。

常有家长抱怨老师作业量太大了，孩子写到十一二点睡不好，家长心疼啊！其实，现在都提倡减负，大多数老师留的作业量并不大，然而“减负”减下去的那点自由时间，硬是被孩子的磨蹭给“内部消化”了，不到十一二点他不收兵呀。结果家长总感觉学生负担还是那么重，时间还是那么紧。

这些学生严重的“蜗牛作风”，有的已经从家庭蔓延到学校，从平时迁移到考试。平时做作业，人家快的学生能课堂完成的就在课堂完成了，课堂不能做完的也所剩无几，该玩的时候就去玩。磨蹭的学生你总觉得他一直在写作业，还不能按时交上。考试的时候，本来都会的，两个小时做到最后一秒钟试题也没能做完，只能得几十分。速度快的同学一个小时做完了，还有时间再检查一遍，成绩自然比他好得多。平时磨蹭成习惯，中考高考时就会吃大亏了，这样的学生很多。

恐怕我们得承认，我们以前从来没见过这么多学生做事如此磨蹭，我们也没有见过孩子磨蹭到这种程度。这不是个别现象，也不是轻微问题，是整整一个“蜗牛族”正在爬过来，其危害不言而喻。我们必须严肃认真对待这件事。

要彻底改变“蜗牛族”，当然就要分析它形成的原因。

现在的孩子，大多数都是独生子女，在家里没有竞争对象、没有比较对象，没有人互相争抢。既然没有比较，他就不知道自己究竟是快还是慢，家长也不懂得从小培养孩子“快”的意识，等到发现孩子已经成“蜗牛”时就只好一遍又一遍地催促，孩子也觉得家长老催自己“快点，快点”太烦人。等他上了学，跟同学一比较，这才发现自己确实比别人的动作要慢，做什么也赶不到别人前面，因为他已经形成了磨蹭的习惯，而磨蹭的习惯是很不好改掉的。

下面是一个“蜗牛族”女孩写的一篇日记：

妈妈，我想对你说

妈妈：

不知道您有没有注意到，我做什么事情都很磨蹭。以前我还没觉得自己有这个坏习惯，直到同学们开始叫我“蜗牛公主”时，我才注意到，原来我做事情比其他同学都要慢半拍。

妈妈，每天顶着“蜗牛公主”的称号，我的感觉真是不怎么好。在学校上体育课的时候，很少有同学愿意跟我一组活动，他们都嫌我动作慢慢腾腾，怕我拖他们的后腿。

我记得从上幼儿园开始，每当我有做不好的事情，您都会在旁边告诉我：做事情要慢慢来，不急不慌地做好就行。等到我做熟练之后，您也会提醒我：做事情别风风火火的，稳重点儿才有个小淑女的样子。

渐渐地，我做什么事情都快不起来了。您以前让我慢慢来，现在着急的时候又催我“快点儿，快点儿”。妈妈，我又不是皮球，您想让我慢我就慢，想让我快我就立刻能快起来，那怎么可能啊？

早晨起床穿衣服您嫌我慢，您越是催我，我越是着急，连鞋都穿不上了。最后只能让您帮忙。您一边给我穿鞋，一边数落我做事太磨蹭。妈妈，您这时候知道怪我了，可是您平常可不是这么说的啊！说实话，我也知道我做事情太慢了，可是我真不知道该怎么改掉这个坏习惯。妈妈，您帮帮我吧！

女儿：筝筝

“蜗牛族”的朋友们，你是不是也有同筝筝一样的烦恼？已经养成了做事磨蹭的坏习惯确实是比较烦恼的事情，谁不希望自己什么事都跑在别人的前面呢？但这时光埋怨父母有什么用呢？

“蜗牛作风”的形成和家长的溺爱和包办的确有很大的关系。为什么孩子不着急？因为他心里有数。反正我早晨不醒，妈妈会叫我；反正我上学要迟到时，爸爸会送我去；反正我写作业不管有多晚，妈妈会陪我；反正我做不完的事情，妈妈最后都要帮我做。既然如此，我还着什么急？“蜗牛”同学，你是不是也有这种想法？那么现在你应该想：父母能这样帮你一辈子吗？

我们也不能把责任都归咎于家长的包办，有些同学的慢性子就不能怪家长了，从小父母就天天跟在屁股后面催促。结果是：家长越急，孩子越慢，因为他习惯了被父母催促着做事了。这其实也是当代孩子缺乏责任心的一种表现。

有位妈妈向我反映她的女儿玲玲有磨蹭的毛病：几乎每天晚上作业都做到11点以后。每天早晨，喊她起床太费劲，要妈妈把她从被窝里拽起来，然后就等着妈妈给她拿来衣服、挤好牙膏。洗脸她又磨蹭，直到妈妈早饭做好还收拾不好自己的那点事。吃早饭也磨蹭，眼看着迟到了她也不着急。虽然一早上都是妈妈的催促声，但玲玲充耳不闻，依然天天如此。

妈妈担心：玲玲如此磨蹭，长大后怎么办？

其实，给玲玲代课的老师都已经发现了这个孩子的磨蹭毛病。比如到校时间，她总是在预备铃响后慌慌张张跑进来；上课的反应也总比别的同学慢半拍；做作业时，如果没人催促她，她一点点作业会用上好长的一段时间。

缺乏责任感是“蜗牛族”的基本特征。这些孩子从生下来，家长就把什么责任都承担了，没让孩子承担过任何责任，也没让他们品尝到磨蹭带来的不良后果，所以他们的责任感也就无从产生。有的同学还会想：反正我做得越快，后续任务越多，不如磨洋工，磨到最后没时间了我就不用做其他的了。磨着磨着，习惯成自然，就成“蜗牛”了。

小时候没有责任意识，做事慢的危害也不大明显。但是，慢慢你就会发现，“蜗牛作风”不仅影响现在的学习和生活，而且年级越高危害越大。有些同学小学成绩挺好，后来越来越吃力，就是因为太慢。以后走上工作岗位恐怕也要吃亏，现在社会生活节奏在不断加快，你做事老慢慢腾腾，肯定干不到别人前面，这样会给自己带来多大的心理压力呀！

当然，做事拖拉也是长时间逐渐养成的一种坏习惯，任何措施都不能起到立竿见影的效果。因此，我们不要着急，要慢慢改掉这个坏习惯。

那么，“蜗牛族”如何才能脱掉“蜗牛”的帽子呢，下面侯老师给你支几招：

● 树立责任意识

在生活方面，要坚决反对父母包办代替和过分关切，试着甩掉父母这根拐杖自己站起来。自己能做的事情一定要自己做，有些事给父母声明自己一定会做好，然后坚持做下去。

● 让磨蹭付出代价

诸如早上起床这一类事情不要让父母再管，哪怕是由于自己磨蹭迟到被老师批评、惩罚，惩罚一次你没当回事，两次三次你一定不敢再磨蹭了。做其他事也一样，让自己体验几次因为磨蹭带来的苦果，以后就会有责任感。人的任何坏毛病不吃点亏是不会下决心去改的。

● 树立时间观念

做某件事情，需要多长时间，要事先设定，然后以最快速度保质保量地进行。可以让父母一起来监督自己，在开始设计时间的时候，家长要及时核对，看看今天比昨天又快了几分钟。这样，做任何事就会有很高的积极性。当看到自己进步时你就已经离开“蜗牛族”了。

● **不打疲劳战**

小学生注意力一次集中的时间为10~20分钟，初中生为30分钟左右，高中生可增至40分钟以上。我们要根据自己的实际状况，强迫自己在一定时期内集中注意力。自己要“量力而行”，不可打“疲劳战”，疲劳后注意力易分散，而且在一个时间段只干一件事。干完休息一会儿再接着去做。

当然，有些人的磨蹭不是单纯属于哪一类型，可能是几个类型的综合。而且，磨蹭的习惯，一旦养成，就具有长期性、反复性。决不能盲目着急、自责自弃，一定要弄清“磨”的原因，分析“磨”的类型，再对“磨症”下药；更不能因一时不见效果就放弃，而应该持之以恒，坚持不懈，不断强化自己的学习意志，锻炼自己的毅力。只有这样，我们才能真正地适应高强度、快节奏的时代车轮！

校园幽默

小老鼠在洞里快饿晕了，对鼠妈妈说：“妈妈，快把洞口的猫赶走吧。”

鼠妈妈笑笑朝洞外叫道：“汪汪！”猫一听，拔腿跑了。

妈妈得意地对小鼠说：“看，学一门外语多么重要啊！”

不再“一网情深”

在如今这个资讯发达的时代，网络在人们的生活中扮演着越来越重要的角色。随着各种网络设备，例如电脑、手机的发展及普及，网络的触角已伸向社会的每个角落，自制力差、好奇心重的中学生对网络更是“一网情深”。殊不知，对于是非分辨能力较差、不能很好地利用网络优势的中学生来说，网络更多的是“陷阱”而不是“馅饼”。

不可否认，计算机网络信息的丰富性对开阔青少年的眼界，帮助他们了解新鲜事物具有正面作用，因为网上的确有许多有用的知识可以供我们去学习。查资料、听音乐、看电影；了解国内外时事新闻；与网友聊天缓解压力；自己动手做一个主页；发一些帖子，和大家交流；对各种问题发表自己的看法和见解；等等。这些都是善用网络的有利方面，我们应该对此鼓励和支持。

然而，每一种新事物的出现总会伴随着种种担心，从西方思潮的侵入到后来的电子游戏，从上网聊天到网上交友，从QQ到微信，从浏览网页到沉迷其中，出现问题的焦点不外乎暴力、色情、颓废、被诱骗等。

任何新生事物的好处与坏处似乎只有一线之隔，往往是“失之毫厘，差之千里”。上网亦是如此，跨越了“利”的界线便成了“弊”。

网上游戏、网上聊天和网上色情是网络的三大“魔爪”，是使青少年沉迷其中、走向堕落的三大诱因。有的学生热衷于网上聊天、网上交友，但由于不知道对方的真实身份、性格品德、甚至对方的性别年龄，往往交友不慎而使自己掉入对方设计的陷阱，失物失财、上当受骗、甚至丧失性命的事例在全国各地屡屡发生。

毫无疑问，网络的负面作用已严重影响学生的健康成长。主要表现在以下几个方面：

● 摧残身体

长时间上网，对一个人身体的伤害非常严重。有些学生对游戏的痴迷，达到了可以不吃饭、不睡觉的疯狂地步。玩通宵电游的网迷走出网吧时，眼睛通红，蓬头垢面，两腿发软，精神恍惚。由于玩游戏时精力高度集中，伴随着血液流通加速、心跳加快，人的体力、精力消耗很大。再加上游戏厅、网吧空气混浊，人口密度大，烟味、食物味、汗臭味，阵阵刺鼻，机器声、打闹声、脏话声，声声刺耳。再加上缺少必要的休息，这些必然会严重影响孩子的身体健康。

据报道，某市一中学生一连泡吧十几天，视力由1.2骤然下降到0.2，几乎失明。

某县一名13岁的小学生，从家里偷出300元钱在网吧里玩网游玩了四天四夜。由于网络游戏的强烈刺激和惊心动魄的打斗，导致血压升高，心率加速，又加上过度疲劳，最后猝死在网吧。

我市也有一名12岁的小学生在网吧泡了三天三夜，饿了喝口水，困了伏在电脑桌上打个盹，通宵达旦地玩游戏，当家人找到他时，身体已经极度虚脱，几近死亡。

青少年学生正是长身体的时候，如果不知饥渴、不分昼夜地上网，其对身体的危害不会亚于大麻、白粉等毒物，这并非危言耸听。

● 心理受损

网络欺骗、赌博、色情、人身攻击、反动言论、犯罪行为以及各种网络垃圾等都可能使青少年受到伤害。正如一位网络罪犯在法庭上所说：“对没有成年人监护的青少年来说，国际互联网是一个非常危险的地方。”

由于网迷对上网有着很强的心理依赖，轻者影响学习、身体，严重者致使心理变态、心态扭曲。

弗吉尼亚理工大学校园发生了美国历史上最为血腥的校园枪击事件，年仅23岁的韩裔学生赵承熙在枪杀32名师生后自杀。尽管警方目前还没有查清他的作案动机，但有迹象显示，这名韩国学生是一名暴力文化崇拜者，喜欢玩枪和玩暴力色彩浓厚的网络游戏。

与赵承熙相识的一些韩裔青年向《华盛顿邮报》透露，赵从高中时起就痴迷于“反恐精英”等暴力游戏。在这些虚拟的游戏中，玩家可扮演恐怖分子或反恐部队，使用各类枪械互相射击，随意“杀人”。

● 滋生是非

进出网吧的大多是中小学生， 小的几岁，大的十七八岁，他们大多没有收入，为了能弄到进网吧的钱，有的结伙敲诈，有的偷盗抢劫。还有一类人进出网吧，他们纯粹是为了敲诈中小学生。有的网吧经营者唯利是图，通宵营业，有些网迷一玩就是一个通宵。子女夜不归宿，家长自然心急火燎，亲戚朋友老师一起出动，到处找人，确实给家庭、给社会带来了不安定因素。

某中学八年级学生赵某，年仅16岁，他迷恋网络后，把父母给的零花钱以及伙食费全都耗尽在网吧里。

一天晚上，他独自在市区商业街散步时，发现前面有一个女青年单独行走，就产生了抢劫的念头。他冲上前用手勒住女青年的脖子，将她拉进一条小巷内，拿出小刀指着女青年说："不要喊，喊我就一刀捅死你。"随后赵某便对女青年进行搜身，抢走了200元钱现金，后被法院以抢劫罪判处有期徒刑两年。

2013年春节前，南京市第××中学高一的一名学生上网聊天，与一网友发生"口水战"。对骂中，他了解到对方是××村中学的学生。"口水战"中败北的他，回校后便将此"不幸屈辱"向同年级的司某和张某倾诉。在校内混得有点名气的司某和张某听后大怒，同时表示要帮其摆平对方。

3月7日，司某和张某两人通过各自的初中同学等关系，从三所中学纠集近50名帮手，杀气腾腾地来到××村中学附近设伏。见面后，不分青红皂白就打了起来。最后，4人被打伤。哪一个是和第××中学高一某学生网上"对骂"的学生，他们对骂了些什么，参加这起群殴的大多数学生都不知道。

3月15日，南京市玄武湖区警方宣布，对参与这起群殴行凶的11名嫌疑人依法刑事拘留。警方向11名涉案学生家长宣布决定时，当场就有3位家长昏倒在地。

● **影响学业**

学生一旦对网络痴迷，就是对人生追求的放弃，学生一旦进入网络，学习成绩必然直线下降。

有一位学生写道：该死的网吧，你夺走了我的学业、夺走了我的大学梦，我咬牙切齿，切肤心疼！但我就是不能自控！

还有位同学这样说：我一闭眼，就看到键盘，手指碰到任何物体都有鼠标的感觉，鼠标一点，导弹就发出了。

我们无法真正进入那些网迷们的内心世界去体味他们的感受，但可以想象到他们通红的眼睛、疲惫的心理，哪还有精力去学习！有些还会出现品行障碍，诱发孩子逃学、不与人交往、暴躁，产生攻击性等反常行为，一些人甚至会滑向犯罪的深渊。

我市某中学有一位李某同学，以前学习成绩较好。在其家附近有一家网吧，一个偶然的机会，李某踏入了网吧，带着新鲜和好奇的心态，与网络开始了亲密接触，就此一发不可收拾。李某完全被网游中绚丽的神奇效果、逼真的人物造型以及网络上的其他内容吸引了，只要有空就去网吧，实在等不到下课，就偷偷溜出学校去上网。由于迷恋网络，经常逃学躲在网吧上网，即便来校上课也无精打采，有时就在课堂上睡觉，根本没有心思听老师讲课，成绩也一落千丈。

几个月前，父母发现李某迷上了网络，学习成绩下降，多次苦劝无效，就给家里买了电脑，以便监管。但没过多久，李某就厌烦了，认为在家上网要受父母、时间、内容等限制，没有在网吧里上网自由。于是就经常逃学，夜不归宿，整日痴迷于网络聊天、玩游戏或浏览色情网站。

沉迷于网络的李某和老师、父母打起了游击战，老师来他在，老师走他就溜，父母来找就躲。老师见不到学生，无可奈何，父母找不到儿子，焦急万分。

最终这孩子辍学，彻底变成了一个小混混，去年因抢劫被判刑入狱。

● **安全隐患**

大多数网吧都未请专业人员安装设备，也未经消防、安全、文化、卫生等部门允许，其营业场所的电脑安放的密度、电路走线、安全出口等都存在着不同程度的问题，而且大多数网吧出进仅一扇门，无安全通道和疏导标志，存在着巨大的安全隐患。

2010年12月4日22时30分左右，贵州省黔东南苗族侗族自治州凯里市清平南路二商场桥下一网吧发生爆炸事故，造成6人死亡，多人受伤。

2013年4月14日凌晨6时许，湖北襄阳火车站附近一网吧着火，火势很快蔓延到楼上一家酒店，火灾共造成11人死亡，50人受伤。初步判断原因为网吧电线短路。

2013年6月2日，广西河池宜州市三岔镇一网吧发生垮塌事故，造成网吧内的6人被压受伤，其中2人伤势严重。

现在，随着手机的低价化及智能手机的快速发展，青少年学生手机持有比例不断上升。尽管各个学校对学生使用手机都做了限制规定，但这并没有阻止学生对手机的钟情。有些家长为了图自己联系孩子方便给孩子买手机，有些学生是把平时的零花钱赞起来自己买手机，一旦拥有便深受其害。据2012年调查显示，12~18岁的青少年手机网民占比已提升到57.4%，6~11岁的青少年手机网民也占到了3%的比例。这个数字还在持续上升。

手机的频繁使用更使得学生上网难以监管，入网的学生也越来越多，拥有能上网的手机而能控制自己不上网的学生几乎微乎其微。看到许多本来很有希望的学生因此而成绩一落千丈、不思进取，真的让人很心痛！

网络是进步的，是一个五彩缤纷的世界；也是虚幻的，是一个巨大的“垃圾场”。如果你能很好地控制自己利用网络的优势，那么网络就会成为你学习的工具；如果你不能很好地控制自己，上网就想玩游戏、聊天，那么你还是远离这个“垃圾场”吧。

同学们，上网的利与弊，关键在于你自己！

校园幽默

一日，阿呆上课时偷偷玩手机，正好被在教室外巡视的班主任发现。班主任用自己的手机发信息给阿呆：“你怎么不认真听课？”阿呆疑惑地回复：“你是谁？”班主任：“你看看窗外。”阿呆一看，又偷偷回复：“多谢提醒，保持联系，等会儿再聊，我们班主任正在窗外盯着我看呢。”

我是理财小能手

中国人和西方人在教育孩子的问题上有着不同的观念。中国的父母认为再苦不能苦孩子；而西方人的想法正好相反，他们认为再富也不能富孩子。究竟哪一种教育方式才真正有利于孩子们的健康成长呢？我觉得，不管是“穷”还是“富”，关键是要让孩子学会理财，学会合理消费。

随着我国国民经济持续、快速、健康的发展，人们的生活水平日益提高，消费观念也渐趋不同。国富了，民强了，我们的孩子们口袋也鼓起来了，理所当然地过上了“富足”的生活。然而这“富足”的背后也往往隐藏着某些隐患。

据统计：74.1%的学生对自己的零用钱有绝对的支配权。他们的消费结构很不合理，消费趋向多元化。消费注重品牌和款式。如有49.7%的学生购鞋的价位在100~300元之间，300元以上的占4.5%，100元以下的占25.8%；有50.8%的学生在买鞋的时候首选专卖店；74.2%的学生购买过名牌鞋。买名牌鞋的主要原因是：自己喜欢（63.5%）和受社会潮流影响（36.5%）。选择买某种鞋的主要因素有两个：质量（48.6%）和款式（31.2%）。寄宿生的消费水平远不如走读生。从统计的数据来看，寄宿生大多是农村孩子，消费观念多数都很朴实，而且家庭的年收入水平相对较低，月生活费多在300元左右。扣除平常的各项消费，剩下的零用钱不多，学校管理也比较严格，外出购物机会不多，减少了乱消费的现象。

正在成长中的中学生，并不具备独立固定的经济收入，不具备也不可能自发形成成熟的金钱和经济方面的意识，但却有着极为强烈的购物要求和消费欲望。其中有相当一部分中学生在吃、穿、用等方面片面追求时髦、讲究档次。同学之间往往不比俭朴比奢华；不比艰苦奋斗比安逸享受；不比勤俭节约比挥霍浪费。这与中国人传统意识中的“穷人的孩子早当家”形成了巨大的反差。面对此情此景，人们不禁焦虑起来：我们真的放心把建设祖国的重任交付到这些孩子手中吗？

理财能力是当代社会每一个人都必须具备的基本素质，直接关系到一个人在社会中的生存和发展能力。随着社会主义市场经济的深入发展和社会竞争的日益加剧，理财能力越发显得重要和突出。

中学生处在由未成年人向成年人过渡的重要时期，是否具备初步的理财能力对他们以后走上社会能否独立生存和发展、对国家的经济建设，都有着不可低估的影响。如果在步入社会时尚不具备初步的理财能力，一切还得从头学起，这往往要付出很大的代价。

而在我国，尚缺少对中学生进行长期、系统、有效的理财教育，中学生理财能力令人堪忧。我认为，造成中学生理财能力低下的真正原因，在于家庭教育和学校教育中理财教育的缺陷，以及社会上的一些负面影响。究其原因以下几个方面不容忽视：

◆ **中学生消费意识较差，容易产生攀比心理。主要表现在：过于注重外表，在意别人的看法。吃、穿、用、行都讲究名牌，原因就是名牌漂亮，更显档次，可以在同学面前炫耀。**

◆ **从众心理在作怪。同学之间都普遍存在一种心理，就是“别人有，我也要”，在这种心理作用下，别人有手机，我也要；别人有名牌鞋，我也要；别人吃的好，我也要……因而形成了一种畸形消费状态。**

◆ **求异心理的影响。面临强大的学习压力，有的学生也许因为学习上不如别人，心理产生了一种自卑感，想在别的方面寻找自己的与众不同，或者是想要彰显个性。于是一种求异心理引发的消费心态便对中学生的消费趋向产生了重要的影响。**

◆ **社会环境影响。随着社会的不断发展、人们消费水平的提高和消费观念的变迁，出现了很多出手阔绰的“贵族”。为了“面子”向大人看齐，贵重物品的“礼尚往来”，造成了孩子们错误的消费观念。社会上拜金主义、享乐主义思潮的泛滥，校园外不良环境(如酒吧、歌舞厅、游戏厅)的存在，往往对中学生的思想有一定的腐蚀作用。**

◆ **家长的娇惯、溺爱。如今社会，随着独生子女的增多，家庭生活水平的迅速提高，再加上有的经历过艰苦生活的家长们特有的“补偿”心理，往往容易造成迁就、娇惯、溺爱孩子。只要学习好花钱多点无所谓，怎么花也不过问，对孩子乱花钱常常是“心太软”，甚至不惜一切代价满足孩子的过分要求。**

据报道，河北石家庄有一对夫妻，每个月生活费不足400元，平时连电话都舍不得打，但他们却把儿子送进了贵族学校，并且为了孩子在同学面前不至于“掉价”，尽量满足儿子的虚荣心，给他配手机，花几百元买名牌鞋，还时不时为儿子改善生活来一顿“麦当劳”，夫妻二人却宁愿过着“苦行僧”似的生活。

面对这样的家长，在我们吃惊之余不免感到辛酸。“家贫”也好，“家富”也罢，适当地让孩子吃一点苦，学会理财于此于彼于社会都是有百利而无一害的。

有些学生，由于花钱无节制、无计划，为了自己的某些欲望，经常会发生偷家长钱，向低年级同学胁迫要钱等违法行为。

有一名初二男生因为要上网，偷拿了爷爷800元钱在网吧过了一个星期，回家后食欲不振，精神萎靡，出现了典型的神经衰弱症状。

有一名女生不想读书了，偷了家长的电动车卖了400元钱，想跑到外地去打工，不到两天钱就花完了。家长报了案，最后被警察找到遣送回家。

有几名女同学为给同学过生日，偷偷拿了家里的钱进KTV，玩得彻夜不归，被两个社会青年盯上，差点上当受骗被拐卖。

有些男同学为了讨好他喜欢的女生，不惜花重金为其买生日礼品。

住校生的宿舍里常常有同学的钱和物品不翼而飞……

有的孩子甚至在金钱的诱惑下铤而走险，走上违法犯罪道路。

可见，中学生理财教育势在必行，全社会都要对这个问题予以关注。帮助孩子们树立正确的消费观，离不开家庭、学校、社会及学生个人的共同努力。

家庭：家长们首先要清楚地意识到过分溺爱和过分满足孩子经济上的需求对孩子会产生不良影响。其次要对孩子的消费进行把关和合理地规划，引导他们养成良好的消费观念和健康的消费心理。

学校：学校应当适当地转变教育观念，加强对学生理财、勤俭节约的教育，教育学生学会合理消费、适当消费。

社会：应加强和完善消费秩序，不适宜未成年人进入的场所要严格把关，为学生提供一个良好的消费环境，增加适宜学生的消费项目，使中学生合理消费。

那么，学生自己应有怎样的消费观念呢？

◆ **应树立适度消费观。适度，就是适家庭经济条件之度，适中学生正常需求之度。花钱要考虑到家庭的承受能力，不顾家庭生活条件而追求超前消费是不应该的。要懂得体谅父母，父母辛苦工作抚育孩子本已不易，怎么能以自己不理智的消费要求加重他们的负担呢？为了追赶时髦过度地去穿、去吃、去玩，互相攀比着花父母的血汗钱，也是很不合情理的。**

◆ **要防止盲目消费。盲目目消费表现在不管有无好处，有无必要，是否适合自己，而一味地追时髦，赶潮流。只要人家说声“现在就兴这个”或“这东西正流行”，就非要人有我也有不可。中学生应该提高自己的审美水平，接受科学的消费咨询，多听家长、老师的意见，多思考消费的目的和效果，防止盲目消费。**

◆ **要抵制不利于健康的消费内容。有个城市对中学生作了一项调查，吸烟的占35%，饮酒的占38%，会打麻将的占60%。此外，还有同学进营业性歌舞厅、玩游戏机赌博，这都是不良的消费行为。抵制这些不良消费在很大程度上取决于中学生是否树立了正确的审美标准与良好的生活方式。中学生应在修身、励志、促学、健体上下工夫，这样才是一个正派而有风采的新时代青少年。**

◆ **找机会参加储蓄存款，增加金融知识。如将逢年过节，过生日，长辈或亲友送的压岁钱、贺礼等进行零存整取，自己计划管理，体验理财的滋味。**

◆ **合理使用零用钱。有计划地把钱用于购买学习用品、零食、节日给父母送的小礼品，以及同学间的小额募捐等，形成正确的花钱习惯、消费观念。**

现在，同学们根据自己实际情况来做一个问卷调查：

中学生理财能力问卷调查

1. 你觉得节俭是（　　）

A. 一种美德　　B. 过时的观念　　C. 应该提倡

2. 你捐过钱吗？（　　）

A. 经常　　B. 从来没有　　C. 老师要求才捐

3. 你的零花钱是怎么来的？（　　）

A. 自己打工或做家务赚的　　B. 父母定时给

C. 不定时定量，没钱就要

4. 你的零花钱大部分买什么？（　　）

A. 书籍文具　　B. 零食　　C. 玩具、娱乐

5. 你目前所攒的压岁钱大概有（　　）

A. 3000元以上　　B. 1000元到3000元　C. 1000元以下

6. 你的压岁钱怎么处理？（　　）

A. 自己存起来　　B. 交给父母　　C. 自己花掉

7. 你觉得储蓄的作用在于（　　）

A. 攒钱　　B. 迅速致富　　C. 用处不大

8. 你有自己的存折吗？（　　）

A. 有　　B. 没有　　C. 不知道，不关心

9. 你知道几种储蓄的方式？（　　）

A. 几乎都了解　　B. 了解三四种　　C. 一个也不知道

10. 你何时知道利息的概念？（　　）

A. 很小就知道　　B. 刚知道　　C. 还不知道

11．你知道几家银行？（　　）

A．五家以上　　　　B．三到五家　　　　C．三家以下

12．你是月光族吗？（　　）

A．不是　　　　　　B．能剩余一点　　　C．月月光

13．你觉得自己的零花钱（　　）

A．够用　　　　　　B．不够再向父母要　C．远远不够用

14．你对自己的零花钱有计划吗？（　　）

A．有　　　　　　　B．有时有　　　　　C．完全没有

15．你每月的零花钱有（　　）

A．200元以下　　　B．200～500元之间　C．500元以上

以上问题做完以后，计算一下自己的得分，选A得6分，选B得4分，选C得2分。

总得分在70分以上，恭喜你，你的理财能力相当不错；总得分在50～70之间，你有理财方面的意识，但做得还不够好，学习本篇文章后去努力实践，你一定会有出色的表现；总得分在50分以下，你是个很不会理财的小家伙哦，再不注意可会养成坏毛病的。

希望大家通过调查问卷的方式大体了解自己的消费情况，能够找出个人缺点，并用所学的知识加以分析，找出原因，及时改正，进而规范自己的消费行为，培养自己的理财能力。从现在起做一个会理财的“小老板”吧。

校园幽默

语文课上，老师让一名同学解释“初出茅庐”的意思。.

那同学思考了半天，最后小声地问：“是不是刚刚从厕所出来的意思？”

让节假日更快乐

大家都知道，中国的中学生学习负担很重，在高考的指挥棒下，家长老师都特别重视孩子的成绩。在校期间不轻松，节假日也不例外，会有大量的作业和各种五花八门的补习班等待我们。

据我了解，在节假日，中学生除了草草完成学校老师布置的作业及无奈地参加补习班之外，大多数学生剩余时间都待在家里，主要是看电视、上网、看书、睡懒觉。

对于中学生来说，如此安排自己的节假日，的确有一些不尽如人意。要么是补习功课、上辅导班、找家教，时间被家长安排得满满当当，搞得身心疲惫；要么就是在家沉迷于看电视、上网、读小说，睡懒觉，既伤害眼睛，又会使思维反应迟钝，养成懒惰、邋遢的坏习惯，而且浪费了时间。节假日里，去做有益的户外活动，参加一些社会实践活动，或者主动做家务的学生太少了。

那么，外国的孩子怎么过假期呢？他们是不是如我们想象的那样，每个孩子都只顾着玩？我们来看看其他一些国家中学生的节假日安排。

美国：学生热衷做义工

美国学校的暑假相当长，因地域差别为一个半月至三个月不等，大部分暑假没有作业或只有很少的作业。美国学生的假期生活通常不是纯粹的休息和玩乐，大部分人会安排相当一部分时间来学习、工作，或是从事社区服务。在圣诞节假期，父母会带孩子到处走亲访友，参加各种聚会，并引导孩子提高社交技能。

除了做义工之外，打工挣钱可以算是学生们最传统也最实际的暑期活动了。中学生去麦当劳做汉堡、送比萨饼、卖报、当服务生等等，有些孩子还会组成小的唱诗团，挨家挨户敲门唱圣歌，以此来赚些零花钱。大学生更多做的是与学业有关或者是与兴趣相关的公司工作。学生们利用假期接触社会，学习掌握求生技能，挣钱攒学费或买车，这些都是美国家长鼓励、学生们也愿意选择的。

澳大利亚：打工、上学、旅行，假期丰富多彩

根据澳大利亚中小学的学制，澳大利亚中小学生一年中能享受到4个假期。不过每个州的假期长短都不太相同。一般来说，圣诞节期间的暑假假期是最长的，大约有五个星期的时间。而春季假期、秋季假期和寒假就比较短，大约各有两个星期的时间。

在澳大利亚有一些全职妈妈，到了假期就要负责安排孩子们在假期的生活。社会上还有不少专门为放假学生准备的兴趣班。孩子们可以在兴趣班里学习游泳、橄榄球、澳式足球、网球、绘画、唱歌、乐器，甚至学习做菜做家务。当然，在孩子们的假期，家长们也会尽量抽出时间多陪陪孩子。家长们会带着孩子们出门旅游、去海滩游泳冲浪、去博物馆参观，或者带着孩子们去郊外野营。

俄罗斯：假期忙打工

相比大学生而言，俄罗斯中小学生通常需要和家长共同商议如何度过一个愉快而有意义的暑假。每年夏季，在俄罗斯风景宜人的度假村或疗养院都会举办名目繁多的夏令营，如外语、音乐、戏剧、体育、文学等夏令营，甚至还有教授孩子们做饭、理财、做生意、管理国家的夏令营。对于那些有相当经济条件的家长，给孩子报名参加出国的夏令营也是不错的选择。

在俄罗斯很多家长会把自己的年休假安排在孩子的寒暑假期间，以便全家外出度假，同时还方便带孩子游览当地的历史文化古迹。另外，还有一些家庭前往郊区的乡间别墅度假。俄罗斯普通人的别墅不是很豪华，但是充满了自然情趣。家长们会让孩子在这里做一些力所能及的体力活儿，比如种菜、收获水果、照顾小动物、给小鸟安装过冬的小木屋、修理篱笆和蓄水池等等，锻炼孩子们的生活技能。

英国：出国游很简单

英国节假日很多，对孩子来说有暑假、复活节假期和圣诞节假期等法定节假日。其中，冬季的假期就数圣诞节假期了，一般来说在圣诞节前后一两周。

寒假里，多数有条件的家庭还会带孩子一起去欧洲各国旅游。欧盟国之间不需要护照，所以出国游很简单。没上小学的孩子也拉个小拉杆箱，背个小包，虽然包里没什么东西，不过态度在那里——从小你就得自己拿自己的东西。

英国学校普遍重视阅读，因而会布置一定的阅读作业(依据孩子年龄不同而有所差别)，并要求每本书要撰写上千字的读书报告。但是补习班在英国不普遍，家长一般不会强迫孩子去上补习班。而且请家教价格昂贵，条件好的家庭给孩子请的家教也多是音乐、美术等艺术类的家教。

只有课业特别困难、赶不上学校进度的学生，才会在寒假上补习班。

日本：陶冶情操，锻炼意志

日本学校的课外活动非常丰富多彩，称为“部活动”。上学期间，学生每天下午3时之后基本上都会参加自己的“部活动”。放假时，初高中一二年级的学生们还会继续参加。学校还在假期举办各种“兴趣培训班”，如“化学实验室”“物理实验室”“料理教室”，还有“林山学园”“科学实验站”等等。

日本学生假期还喜欢去修学旅行。修学旅行以学习为目的，学生更容易从旅行中学到知识。日本的修学旅行因学习的内容不同被细分成若干类别。比如历史学习，主要通过参观历史遗迹，学习历史知识，还有体验大自然的森林修学旅行和农业修学旅行等。

利用假期上补习班的日本学生也大有人在。由于日本学校实行“快乐教育”，为中小学生减负，从而导致日本教育水平整体下降，家长们将更多的目光投向了课外辅导机构，称为“塾”。据统计，目前日本这种课外培训机构数量已经多达5万家，培训项目几乎涵盖了学校的所有课程。

马来西亚：参加“制服团体”

年底的总考试结束后，马来西亚的中小学生将迎来7周左右的长假。

参加“制服团体”是能影响马来西亚学生升学和就业的假期活动。“制服团体”包括童子军、少年警察、少年军等等，男女生自愿参加，学习爬山、野外生存、急救等技能。“制服团体”在马来西亚是非常重要的组织，如果学习成绩不是很好，可以通过完成“制服团体”规定的技能考试来给自己加分，如果在“制服团体”中表现优秀，很多大学都会抢着要。当然，它不是让你在短时间内完成所有考核，而是从升入初中开始，每个假期考核一到两项。所以，马来西亚学生的急救知识储备很丰富，自理能力、野外生存能力都比较强。

泰国：假期活动多（除了高中生）

为了让学生的假期生活过得更加充实，泰国有关部门设有长期性的学生假期活动。这些有意义的活动，每年都吸引很多各年龄段学生踊跃参加。例如泰国文化委员会在国家文化中心设立的“泰国青少年乐队”计划，每年在放假期间，组织学生进行交响乐队和管弦乐队等音乐演奏培训。

据了解，泰国不少社会团体组织学生们利用假期前往海滨、国家森林保护区、文物保护单位等地参观学习，或者组织学生们进行歌舞、烹饪、游泳及其他体育活动的知识和技能培训。目前，英语、中文等语言的培训班也呈现越来越多的趋势。

学生放假期间，往往成为泰国民众出游的一个高峰期。这是因为泰国的旅游业比较发达，家长普遍重视让孩子们通过外出旅游增长见识。家境条件一般的家庭在国内旅游，而家境殷实的则往往会选择出国旅游。

法国：富家小孩被逼上培训班

在假期，法国学生们的生活很随意，有钱的可以出去玩，没钱的可以待在家里聚会或者聊天，当然，旅游是学生假期生活的一个重要项目。圣诞节的时候，大家都忙着庆祝节日，所以功课基本上都没人关注了。只有两种情况，家长才会请私人老师：第一，孩子成绩很好，有进名校的决心；第二，孩子成绩太差，父母又不甘心孩子连普通大学都进不去。

但是，现在法国的学生压力也越来越大。由于近些年来，法国人认为经济状况不如以前，越来越多的父母也选择让孩子参加一些培训班，去学习语言、历史之类的科目，这种情况比10年前要普遍很多了。法国人对于这类培训班的意见分成两类，一类人赞同，认为有利于帮助孩子的学习，但是也有很多人认为，这类培训班费用昂贵，那些一般家庭的孩子根本上不起，这对于那些普通家庭的孩子来说不公平。也有父母逼着孩子去上这些培训学校的，虽然小孩不喜欢，但是父母都认为小孩要想找到好的工作，也得多学点东西，父母也有压力。如果父母没钱给孩子报培训班，小孩可以参加一些运动或者旅行俱乐部。

各国中学生对节假日的安排，同学们不妨借鉴一下。

假期是学生体验生活、体会情感、进行社会锻炼的最好时期。现在多数90后、00后都是独生子女，精神孤独是独生子女面临的主要问题，尤其是假期里，父母上班，孩子又失去了和同学的联系，常常一个人在家，会使许多孩子产生假期忧郁症，精神萎靡，不爱吃饭，不爱活动，慵懒赖床等。所以，我们要设法让自己的节假日既丰富多彩又充满趣味。

在假期，我们应该和父母一起多做一些户外活动，如早起和爸爸一起去爬山、打球；和妈妈一起逛街、买菜；和爷爷奶奶一起去郊外散步；等等。记下每天的所作所为，并同家人分享感受，这既可消除寂寞感，又可以增进家人之间的感情，改善亲子关系，提高我们的身体素质和劳动技能。

另外，我们也应主动找同学组织一些有意义的活动，征得父母同意可以邀请关系要好的同学、朋友来家做客并自己招待他们。这些活动会给我们创造更丰富更全面更具体的体会生活的机会，让我们体会与人相处的艺术，学会体谅、顺应、理解、配合别人的情趣，感悟付出与收获的关系，更是对我们人际交往能力的培养。

旅游已经成为不少家庭生活的一部分。不少家长想利用假期带孩子到处转一转，开阔视野，愉悦身心，既能增长见识，丰富孩子的精神世界，又不失为一种学习的好方法。再者，对于终日忙碌，无暇与孩子交流的家长来说，可借此机会与孩子零距离接触，发现他们的长处和不足，可谓一举多得。

总之，对于节假日的安排，中学生要在学习之余，注重参加社会实践活动和对生活技能的锻炼，与此同时还要加强体育锻炼。在家也应尽量多做些家务，减轻父母的负担，也提高自立能力。在课外书的阅读上，要博览群书，提高阅读档次。注重多文体、多形式，留心文章中他人的长处，做到有所借鉴。

合理地安排节假日时间，关键还在中学生自己。树立正确的观念、拥有足够的自制力，就能把握时间，拥有快乐的节假日。

校园幽默

老师在课堂问："同学们，你们知道长城的用途吗？"A同学回答道："是防御敌人的，敌人来了被挡在城墙外面。"老师满意地点点头又问道："那有同学知道长城防御的原理吗？"B同学站起来回答道："不给敌人卖票。"

巧对妈妈的唠叨

“起床，起床，快起来！去洗脸，去刷牙，记得梳头！会热吗？会冷吗？你就这样穿着出门吗？别忘了钢琴课在今天下午，所以你要练！出去外面玩，别玩太疯，别闹太凶。今晚不准玩电脑！我说了算！我是你妈！……”同学们，听过这首歌吗？这是一首以妈妈的各种唠叨为歌词的《妈妈之歌》，风靡网络，引发了广大子女们的共鸣。你是不是也想说：我妈妈就是这样的！

从古到今，“唠叨”好像成了全世界妈妈的代名词，这恐怕也是天下父母的共同弱点，也惹得天下子女的厌烦。而且，九成以上的孩子认为自己的妈妈太唠叨。

你是否也有一个爱唠叨的妈妈呢？

5月12日，又是一年一度的母亲节。我为了写这篇文章，特意和学生聊起了这个话题：

我问：“你的妈妈爱唠叨吗？”

很多人的回答是：“太爱了！妈妈的唠叨很让人受不了。”

有些说：“我爸爸比我妈妈还爱唠叨。”

我又问：“那你觉得妈妈的什么是最温暖的？”

多数同学说道：“最温暖的是妈妈的怀抱和对我的关心。”

我又问：“妈妈关心你的方式最多的是什么？”

学生异口同声地回答：“唠叨！”

一名嘴快的同学还抢着说：“我妈妈的唠叨让我难以忍受，我就是一直被妈妈唠叨到这么大的，有时候觉得真的好烦！现在都上初二了，妈妈好像更爱唠叨了。大到不准早恋、好好学习，小到饭前没有洗手、脸上没有抹油，妈妈都唠叨个没完。我现在最想做的事情就是赶快考到外地上学，远离妈妈的唠叨。”

我小时候也曾经嫌过妈妈太唠叨，可是轮到自己做了妈妈，才发现做妈妈的想不唠叨孩子真是太难了。当孩子调皮捣蛋不听话、没有按照你希望的方向发展的时候；当担心孩子不懂得自己保护自己的时候；当孩子不吃饭菜偷吃垃圾食品的时候；当孩子把你的话当耳旁风的时候；当孩了贪玩偷懒不认真学习的时候……除了苦口婆心地唠叨他，妈妈们还有别的办法吗?

可以肯定地说：父母唠叨都是出于对孩子的爱。孩子都是贪玩并有惰性的，而且没有哪个孩子只说一遍他就会很听话地按照你说的去做，如果你不唠叨他，很多事情他都会按自己的错误想法去做。如果家长不唠叨孩子，不对孩子的所作所为及时矫正，这样的家长恐怕又太不负责任了吧。

对于母亲的唠叨，有的孩子显得很无奈，心情不好；有的孩子很厌烦，妈妈一唠叨就顶嘴；有的还进行反抗，不尊重父母；有些孩子学会了逃避——惹不起我躲得起；也有的学会了阳奉阴违——你说你的我做我的，根本不当一回事。

可怜天下父母心！虽然许多父母被孩子指责过分唠叨，可家长们依然不厌其烦地对孩子唠叨个不停，实在是用心良苦、不达目的不罢休啊！那究竟是为什么妈妈们都这么爱唠叨呢？让我们先听听妈妈们的心声：

淘气，贪玩的孩子呀，不要责怪妈妈每天一而再、再而三地重复相同的话，你现在还小，缺乏独立的判断能力和行为能力，好多时候你管不住自己，喜欢由着自己的性子来，好多时候你不知道哪些事情应该做，哪些事情不该做，好多时候该做的事情你不去做，不该做的事情你却偏要去尝试。妈妈可不愿意对你放任自流，如果那样的话只能是害了你啊！

就拿看电视来说吧，你一看动画片就没完没了，一个频道看完了再换另一个频道，妈妈并不反对你看电视，但任何事情总该都有个度吧，我们总不能整天把心思都花在动画片上吧，我们总不能让看电视影响到功课吧，要知道你作为一个学生最主要的事情应当是好好学习。可是妈妈第一次提醒你，你不听；第二次提醒你，你当耳旁风；第三次提醒你，你依然我行我素，这能怪妈妈唠叨吗？

再拿作业来说吧，你的家庭作业经常马马虎虎，作业本上经常有老师批的大红叉，妈妈不止一次地提醒你做作业要认真仔细，可你到现在为止又有多少改进呢？这不，上个学期的考试就出了问题，开家长会时老师告诉我说，许多题目你并不是不会做而是由于太粗心。你说，你这个毛病老是改不了，妈妈难道不该提醒你，督促你吗？ 良好的习惯不易养成，坏的毛病却不教自通，上学期你已吃到了马虎的苦头，可如果你不痛下决心改变，下次你只会吃更大的苦头。从另一个方面来说，如果你能够克服掉学习马虎的毛病，妈妈自然也就不会再唠叨你了。

孩子，你说你觉得我太唠叨，有时挺烦我。我心里也挺委屈的，妈妈在我们这个家里可是担负着大部分的重任呀，每天忙里忙外不说，还要上顾老下顾小的。从你生下来到现在，每一步可都是妈妈“搀扶”着你走过来的，你的饮食起居妈妈要管，你的穿着打扮妈妈要管，你的读书学习妈妈要管，你的生活习惯妈妈也要管，妈妈现在的主要工作就是照顾你，让你能够得到最好的保护和教育，让你能够健康成长。然而这些事情管的多了，你就觉得妈妈特别啰唆，许多时候妈妈好心的提醒反而成为唠叨的“罪状”。可你说，这许多事情妈妈不管行吗？

可怜天下父母心！每一位父母都希望一代比一代强，妈妈也有望子成龙之心，希望你从小能好好学习，养成良好的生活习惯，具备优秀的思想品质，以便你将来在自己的人生路上少一些坎坷，多一些成功。当然，妈妈自己的学问不高，也不是教育家，有的时候反复唠叨，是怕你忘记，是怕你不去努力。孩子，你能体会妈妈的良苦用心吗？

看来，做妈妈也不容易啊！我们静下心来想想：父母亲一天唠唠叨叨，为什么？只是为了能让我们健康地成长，安心地学习。出发点是对我们的关爱，为了让我们少走一些弯路，他们的唠叨中没有一点是为了自己。所以，当我们面对父母的唠叨时，我们也要敞开心扉，理解父母的难处。用心体会，用心感受父母无微不至的爱，感受父母殷勤的期待。多与父母沟通，用信心、耐心和智慧化解与家长之间的隔阂。也要用自己的实际行动减少父母对自己的唠叨。

小宁是一名初二学生，爸爸经常出差在外。她与妈妈的沟通交流越来越糟糕，严重影响情绪。烦躁的情绪已经泛化到她对待同学的态度上，据同学们说她最近有些不可理喻，脾气越来越大，为点儿小事就发火。我决定和她谈一谈：

小宁向我诉苦说："老师，我在家里一点儿都不快乐。妈妈整天唠叨我，我快要精神崩溃了。"

我："嗯，整天唠叨是让人不愉快，我能理解你的心情。妈妈都唠叨些什么？"

小宁："穿衣、吃饭、学习、交友、叠被子、出门要小心等等，没有她不唠叨的事，如果我反驳她几句，她就会生气。上周末，我去图书馆看书，中午就在外面买了一个面包吃了，然后继续去图书馆看书。下午回家，妈妈为此唠叨了好一阵。"

我："唠叨什么？"

小宁："她说我出门也不告诉她我去哪里，不回家吃饭也不知道打个电话。说一遍我知道就行了嘛，她非要说个没完。"

我："妈妈为什么总唠叨你？"

小宁："还不是总把我当作小孩子看。"

我："那你'有小孩子气'的行为吗？"

小宁不好意思地笑了："肯定有的。"

我："妈妈唠叨是不是担心什么？"

小宁："妈妈担心我对吃、穿要求过高，虚荣心膨胀；担心我出门会上当受骗；担心我学习不认真，学业糟糕会影响我将来的前途。"

我："嗯，还有什么？"

小宁："担心我受不良同伴的影响，学坏了。"

我："你去图书馆看书，妈妈担心什么？"

小宁笑了："我出门那么久也没打电话，妈妈担心我的安全，担心我会饿着。"

我："妈妈对别人唠叨这些吗？"

小宁："不唠叨。"

我："说明什么？"

小宁："妈妈真的比任何人都爱我。我现在能更多理解妈妈了。不过，真的不喜欢她唠叨太多。"

我："有什么办法能减少她的唠叨？"

小宁："如果我的行为上少些'小孩子气'，妈妈的唠叨就会少些。"

我："当我们理解了我们的父母，其实原先觉得受不了的东西就会变得不再那么沉重，因为我们内心产生了新的力量，这个力量就是宽容和理解。对于父母的言语举动，我们要想一想，他们爱我们，有时唠叨或言语不当可能是无心之过，也可能是出于善意但方法用错。总之，尽量用正面的方式解释它。"

小宁："经您这样开导，我能感受到我过去真的很少主动去理解父母，只要求他们理解我。父母也不容易，也有他们的难处，多为他们想想，改变自己的'孩子气'行为，再适当沟通，我想我和妈妈的关系会好起来的。"

我："你能这么想妈妈会很开心的！"

既然爱唠叨是妈妈们的普遍行为，而且是一个世界性的难题，那么我们就不要想着阻止妈妈的唠叨了，估计你也阻止不了。我们要做的是，耳闻妈妈唠叨，怎么巧妙应对才不影响和妈妈的关系呢？

首先，尽量耐心倾听。

前面讲了，母亲的唠叨是出于一颗慈爱的心，尽管有时她的话不是那么中听，而且总是"老调重弹"，但这毕竟是真挚母爱的一种表现。如果你显得极不耐烦，甚至粗暴打断，这多伤妈妈的心啊！既然你已经知道妈妈是好心，为什么不可以表现出尊重与体谅呢？既然妈妈唠叨成了一种习惯，你为什么不可以养成倾听的习惯呢？

其次，要尽可能地减少让妈妈唠叨的机会。

记得有一次，准备开饭时，我催女儿去洗手。女儿显得很不耐烦："我洗过了。"当时，我很生气："如果你每次饭前都能自觉地洗手，我还会唠叨吗？"可事后我站在女儿的角度又想：老是催女儿洗手，是有点唠叨。于是我和女儿订了一个君子协定：我尽量少唠叨，她每次饭前要乖乖地洗手，尽可能减少让我唠叨的机会。这样一来，她变得自觉了，我再也没法唠叨"快洗手"之类的事情了。

从我的角度来看，妈妈唠叨是因为关心你，不放心你。比如你每天出门，她都追着你说，骑车骑慢点，路上小心车，别碰着！而你呢，一般是不耐烦，最多说声"知道啦"就跑了，嘴里还要咕哝一句"烦死了"！类似妈妈的这类唠叨，是属于对你的担心，总怕你做不好某些事，对吧?

你可以这样做：在妈妈唠叨的时候，你眼睛看着她，很耐心很认真地听，听完，认真地说：嗯！妈妈您刚才说的什么什么（简单重复下妈妈的话），我都记住了！您放心吧！

这样妈妈就放心多了，她还好意思再重复吗？平时我们都是不耐烦不听她说完，你越这样，她就越觉得你没听进她的话，她就要总是重复。

再次，你可以找个合适的时间，把我写的这篇文章读给妈妈听听，让妈妈明白：在教育子女时，父母要注意教育方式，讲究语言艺术，努力做到对孩子的教育情是深的、心是暖的、语言也应该是生动的。只有在感情上与子女和谐一致，才能激起子女心里的波澜，收到良好的教育效果。

也许这几条建议都不奏效，那你也不妨面带微笑地保持沉默，这总比唇枪舌剑好得多。

校园幽默

历史考试是口试。老师提了三个问题，这个学生都答不出来。为了给他一个及格的机会，老师最后问他："美洲大陆是谁发现的？""嗯……"老师气急败坏地喊道："哥伦布！"这个学生拔腿就往外走，老师惊奇地把他叫住："喂，你为什么要走啊？""对不起，您不是叫下一个考生了吗？"

沟通是成长的桥梁

随着年龄的增长、身心的发育成熟，中学生不再像小时候那样，有什么话都愿意与父母讲。长大了的我们反而觉得自己与父母越来越疏远、越来越格格不入、越来越没有共同语言了。久而久之，两代人就产生了严重的隔阂，我们对父母的高期待、严要求及反复说教产生了逆反心理，这严重影响我们与父母之间的关系，往往导致家庭中的矛盾和冲突。

晓晓是我所在学校初三的一名学生，自从上了初中后学习成绩一直不好，隔三差五地惹麻烦，甚至和同学打架，父母也拿她没有任何办法。为此，她和父母吵过的架已经不计其数。她多次要求退学，但是都挨了父母的骂，父亲有一次甚至差点动手打了她。

晓晓的家庭很富裕，父母都做生意，她和妹妹上幼儿园、小学都是车接车送，在别的同学眼里总是能看到对她们羡慕的目光。但没有人知道，她的父亲非常严格，这让她一直无法忍受。

晓晓是那种特别爱美的女孩儿，喜欢打扮，不过平时要买什么衣服她从来做不了主，父亲总要出面干涉。她上小学时的学习成绩不算优秀，但是却是全校的大队长、播音员，自己感觉很风光，但父亲对她的这些突出特长却从不买账。在父亲眼里，学习好就是一切，因此，成绩较好的妹妹就成了父亲宠儿。

上初中后，她开始在学校住宿。离开了父亲的约束，她一下子轻松了很多，不管是好事儿还是坏事儿，只要是以前不敢去做的事情，都要去尝试，这样做，她的心里感到很痛快。慢慢地，她竟然成了老师眼中的问题少年，父亲得知后，对她越发失望，父女两人的关系更加紧张。

晓晓的父亲对老师说，他们夫妇两人出身贫寒，没多少文化，好不容易奋斗出今天的成绩，所做的一切都是为了两个女儿。他们从来对两个女儿的要求都是有求必应，就是希望两个孩子能够有个好的将来，然而大女儿却不能理解他们的良苦用心，好像专门和他作对，衣服穿得不得体，发型留得非常古怪，还曾经以辍学、自杀要挟他。他有时候也想和女儿好好地坐下来谈谈话，可是每次都是不欢而散，并且双方还要僵持好几天。他现在就希望大女儿能够好好上学，带她出来也是希望她看看外面的世界，让她理解人们奋斗其实都很不容易。然而，女儿根本不理解这一切，这使他非常郁闷，他现在就是想知道他们父女间到底哪里出了问题。

望子成龙、望女成凤，是天下父母共同的心愿。父母对我们的高期待、严要求也是基于他们迫切的心情。这种在我们看来有些苛求的“严”，反映出父母对于我们的爱。我们要理解、体谅父母的一片苦心。

与父母发生冲突，如果以强硬的态度顶撞，以粗暴的举止反抗，或者对他们不理不睬、冷淡相对，或者由对某事的分歧迁移到对父母本人的恶感，甚至采用极端的办法来处理，都是错误的，会造成很大的危害。

请看下面的案例:

2012年6月1日，有一女孩因向母亲要钱不成竟持刀相向，母亲出手制止不慎将女儿捂死，曾经甜蜜的三口之家一夕崩塌……

在法庭上，被告席上哭得肝肠寸断的母亲阿英，旁听席上为妻含泪求情的父亲老钟，都令人侧目唏嘘。而如今，老钟与妻子，各自为牢，妻子在监狱被“他闭”，他枯坐家中“自闭”。无法释怀，无尽辛酸。

2011年4月15日，贵州安顺市两名16岁的孪生姐妹为“自由”毒死了父母，犯罪情节令人发指。其犯罪动因竟然是中考成绩未上重点高中录取线，害怕父母责骂。

河北曾发生一起初中学生在同学的协助下趁母亲熟睡时用绳子勒死母亲的案件，其直接起因是母亲阻止他整天去电子游戏室玩耍。

在人的一生中，父母的关心和爱护是最真挚、最无私的，父母的养育之恩是永远也诉说不完的。吮着母亲的乳汁离开襁褓；揪着父母的心迈开人生的第一步；在甜甜的儿歌声中入睡，在无微不至的关怀中成长；灾灾病病使父母熬过多少个不眠之夜；读书升学费去父母多少心血；成家立业铺垫着父母多少艰辛。可以说，父母为养育自己的儿女付出了毕生的心血。这种恩情比天高、比海深，是人世间最伟大的爱。当孩子残忍地向父母下毒手时，父母和孩子的人生都很失败啊！

“羊有跪乳之恩，鸦有反哺之情”，何况我们人呢！试想，一个人如果连理解父母、孝敬父母、报答养育之恩都做不到，和自己的父母都不能很好地沟通，谁还相信他能立足于社会呢？又有谁愿意和他打交道呢？

陈女士的女儿今年初二，提起和女儿的沟通，她轻轻地摇了摇头表示说：“很难啊！”陈女士平时工作很忙，只有晚上才有机会和放了学的女儿待上几个小时。只要有时间，她都想尽量和女儿多说说话，了解女儿的想法。但是，女儿却不太乐意和妈妈谈心，和同学却聊得不亦乐乎。

有一次，陈女士听见正在和同学电话聊天的女儿说：“我们用英语来谈，我妈听不懂。”陈女士听了苦笑不已。还有一次，女儿主动提出要把自己房间的抽屉上锁。

“现在她长大了，懂得有自己的隐私。其实我并非存什么好奇心，只是想多和她沟通，了解她的想法而已。但她不愿意说，我也没办法。”陈女士说。

随着心理的快速成长，青少年对事物开始有了自己独立的见解。而父母往往不理解孩子心理上的变化，依然以自己的标准去要求孩子。有的父母还认为孩子稍微坚持自己的见解是不听话的表现，往往对孩子的见解、想法、说法持否定的态度，害怕自己管不住孩子。这样，往往让孩子认为父母完全不理解自己。久而久之，孩子们面对父母就采取封锁自己的态度，什么事也不愿意对父母说，渐渐造成了父母与孩子之间不可填补的鸿沟。

晚上7点多钟，小A同学按照老师的布置正在看中央教育台一套电视节目。当时，母亲拖着疲惫的身躯回家了。看到小A正在看电视，桌上的碗菜都没有收拾顿时火上心头，大发雷霆，骂道：“整天就知道看电视，玩，不知道看书，也不知道把碗收拾一下……”

而小A是在按老师的要求看电视，碗不收拾是要等妈妈回来吃饭。这样做没有得到妈妈的理解，反而被妈妈骂了一顿，心里很不是滋味，当场便与妈妈顶撞起来，母女俩吵了一架。

类似的事情在你身上也许也遇到过吧！你觉得小A同学与母亲的关系处理得好吗？小A同学的做法对吗？问题出在哪里呢？答案很简单，问题就出在沟通上。

在与父母沟通的这件事上，我采访了几名同学：

李鹏飞同学说，以前他也想和父母聊一些心里的想法，但往往还没有表达完自己的看法，父亲或批评责骂，或者表现出一种不以为然的态度。所以，此后他有什么想法都不喜欢和父母说了。

马丽丽同学说，父母每天的工作很忙，休息时间很少，特别是她上中学后更是早出晚归，一家人都养成了各自忙各自事情的习惯。父母除了每天简单地询问她的冷暖、吃喝之外，很少了解她的内心情感，他们之间也很少交换意见、交流思想。有心事儿的时候，她就找同学或者好朋友倾诉，觉得她们更能理解自己，听听她们的劝解和安慰，心里就会舒服多了，很快就会没事儿了。如果和父母说了，父母总会表现得过分担忧，会有很多不必要的麻烦。久而久之，她养成了有事儿自己解决的习惯。现在，她觉得自己长大了，也能理解父母的苦心，有些事儿知道应该和父母商量，但是怕父母太辛苦，于是干脆自己拿主意。

高宏达同学认为，迫于现在的社会现实，学校和家长全部以学习为重，却忽视了学生心理、能力等其他方面的发展。他对八年级时的一节思品课《我与父母交朋友》至今仍记忆犹新，那节课让他受益匪浅。只可惜他们只听了一节这样的课程。相互增进理解是最好的沟通方式，在很多方面，父母和他们的想法都有分歧，但为了不伤害父母的心，就干脆不发表自己的意见，表面上就以“嗯、啊、是”的答应应付。虽然这不是最理想的状态，但是也避免了正面冲突。

我相信，大多数同学和这几位同学的想法不谋而合。由此可见，我们与父母发生冲突主要是我们不愿很好地与父母沟通交流。所以，引导中学生学会与他人交往，关注两代人之间的矛盾，帮助学生正确认识和处理家庭冲突，是十分必要的。

那么，中学生应如何与父母交往、沟通呢?

第一，要架起理解的桥梁。要了解父母，知道父母怎么想、怎么处事、有什么兴趣爱好、是什么脾气秉性、对我们有什么期望。我们与他们沟通就有了预见性和主动权。

第二，要敞开心扉。要克服闭锁心理。向父母传递有关自己的信息和情况，表达自己的心情，说出自己的意见，让父母了解自己。这样，沟通起来就没有隔阂和忌讳了。

第三，笑口常开。就像喜欢晴天一样，人人都喜欢笑脸。沟通的成败与心境关系很大。开朗幽默，沟通成效乘以正数；沮丧无趣，沟通成效乘以负数。

第四，耐心解释。与父母发生矛盾要耐心解释，或者暂且沉默然后选择合适的时间再说明自己的想法，让父母听得进，以得到他们对自己的谅解。

第五，换位思考。当我们不理解父母、与父母冲突的时候，要学会换位思考，替他们想一想，了解他们是为了什么，有什么想法，有什么道理，这会使我们变得更加冷静和理智。

第六，尊重理解。尊重是与父母沟通的基本要求。如果连最爱自己、对自己付出最多的人都不尊重，就失去了最起码的道德。理解其心情、尊重其意愿，讲求礼貌，不能任性。

第七，求同存异。两代人之间毕竟存在差异，难免有不同的观点，所以才要沟通，但不一定非要分个输赢，非要和父母争个高低。达到相互理解、求同存异即可。

另外，在与父母的交往中还要讲究一些艺术。我们还可以试一试其他一些更具体的沟通方式。如给父母写信、留言、发短消息、发邮件；父亲节、母亲节、感恩节、父母的生日为他们送个小卡片写上自己想说的话，节假日和爸爸妈妈一起散步、谈心；经常帮助父母做一些力所能及的事情、为父母分忧；等等。

在不断扩展的社会生活中，我们要学会与各种各样的人打交道。学会交往，学会与人沟通、和谐相处，增强处世能力，促进自身发展。与家长交往，是我们学习交往的第一课堂。

校园幽默

一个男教师在教室上课，面对乱哄哄的课堂，他气恼地说："两个女人发出的嘈杂声就等于10000只鸭子发出的声音。何况你们这么多人！"一天，男教师的妻子来学校找他，一女学生报告说："老师，外面有5000只鸭子找您！"

感恩也是一种回报

乡下小村庄的偏僻小屋里住着一对母女。母亲生怕遭窃，总是一到晚上便在门把上连锁三道锁；女儿则厌恶了像风景画般一成不变的枯燥乡村生活，她向往都市，想去看看自己透过电视所想象的那个华丽世界。

某天清晨，女儿为了追求那虚幻的梦离开了母亲身边。她趁母亲睡觉时偷偷离家出走了，只留下一句："妈，你就当作没我这个女儿吧。"

可惜这世界不如她想象的美丽动人，她在不知不觉中，走向堕落之途，深陷无法自拔的泥泞中，这时她才领悟到自己的过错。

十年后，已经长大成人的女儿拖着受伤的心与疲惫的身躯，回到了故乡。

"妈！"她回到家时已是深夜，微弱的灯光透过门缝渗透出来。她轻轻敲了敲门，发现门并没有上锁，好奇怪，母亲之前从来不曾忘记把门锁上的。突然有种不祥的预感，扭开门时她被吓了一跳。母亲瘦弱的身躯蜷曲在冰冷的地板上睡着了，那样子实在令人心疼。

"妈——，妈——"听到女儿的哭泣声，母亲睁开了眼睛，一语不发地搂住女儿疲惫的肩膀。在母亲怀里哭了很久之后，女儿突然好奇问道：“妈，今天你怎么没有锁门，有人闯进来怎么办？”母亲回答说：“不只是今天，我怕你晚上突然回来进不了家门，所以十年来门从没锁过。”

母亲十年如一日，等待着女儿回来，女儿房间里的摆设一如当年。这天晚上，母女恢复到十年前的样子，紧紧锁上房门睡着了。

这就是一个母亲对孩子的爱，无声无息，几十年如一日的一成不变。从婴儿的呱呱坠地到哺育他长大成人，从上小学到初中，从上大学到结婚生子，父母为孩子花去了多少的心血与汗水，编织了多少个日日夜夜。

父母之爱是一条长长的路，是漂泊天涯的缕缕思念，无论你走到哪里，都伴你延伸生长。那悠悠的牵挂，那谆谆的叮咛，为你指点迷津，排除旅途荆棘。

我读过这样一篇文章，觉得颇有感触，给大家分享一下：

我清楚地记得几年前的那个晚上，我上床的时候是晚上11点，窗外下着小雪。我缩到被子里面，心想：明天有重要事情，可千万别睡过头啊！

怕闹钟不保险，我就给妈妈打了个电话：

“妈，我明天还要早起开会，你6点的时候给我打个电话叫我起床吧。”

妈妈在那头的声音有点哑，可能已经睡了，她说：“好，乖，放心睡吧！”

电话响的时候我正在做一个美梦，外面的天黑黑的。妈妈在那边说：“女儿你快起床，今天要开会的。”我抬手看表，才5点40。我不耐烦地叫起来：“我不是叫你6点叫我吗？我还想多睡一会儿呢，被你搅了！”妈妈在那头突然不说话了，我挂了电话。

起来梳洗好，出门。天气真冷啊！我在车站不停地跺着脚，漫天的雪，天地间茫茫一片。周围黑漆漆的，我旁边却站着两个白发苍苍的老人。

我听着老先生对老太太说：“你看你一晚都没有睡好，早几个小时就开始催我了，现在等这么久。”

是啊，第一趟班车还要五分钟才来呢。终于车来了，我上了车。开车的是一位很年轻的小伙子，他等我上车之后就轰轰地把车开走了。我说：“喂，司机，下面还有两位老人呢，天气这么冷，人家等了很久，你怎么不等他们上车就开车？”

那个小伙子很神气地说：“没关系的，那是我爸爸妈妈！今天是我第一天上班开车，他们来看我的！”

我鼻子一酸低下了头，这时才看到爸爸发来的短消息：“女儿，妈妈说，是她不好，她一夜都没有睡好，很早就醒了，担心你会迟到。”

我哭了，忽然想起一句犹太人谚语：

父亲给儿子东西的时候，儿子笑了。

儿子给父亲东西的时候，父亲哭了。

是的，父母之爱就是一座高高的山，无论你遇到多大困难，它总是你依靠的屏障，日头暴晒时能为我们撑起一片绿荫，刮风下雨时能为我们及时遮风挡雨，焦虑不安时有父母的爱能让你心安气定。

俗话说，滴水之恩，当涌泉相报。更何况我们的父母为我们付出的不仅仅是“一滴水”，而是一片汪洋大海。

有许多同学可能都读到过这样一个故事：

一个名叫罗莎琳的女孩，她父亲很早就去世了，母亲在一家清洁公司上班，因为工资太少，家里太穷，罗莎琳经常受到别人的歧视。久而久之，她对母亲开始抱怨，抱怨她的卑微。

在2002年的一天，母亲由于工作出色被允许休假一周，为了缓和母女二人的关系，她决定带女儿去雪山滑雪。不幸的是二人迷路了。对环境不熟悉的她们一边滑雪一边呼救，呼喊声引起一串雪崩，大雪把母女俩埋了起来，好不容易出来后，突然母亲看到了一架直升机，但二人穿的都是银白色的衣服，直升机没有发现她们。罗莎琳吓得晕了过去。

当她醒来时，已经躺在医院里，而母亲却去世了。原来，她母亲用岩石割断了自己的动脉，然后在血迹中爬行了几十米，目的是为了让直升机的救援人员发现她们。正是雪地上的血迹引起了救援人员的注意才使女孩获救。

看完这个故事以后，我被感动得一塌糊涂。全世界的母亲多么的相像！她们对子女的心始终一样。父母对子女的爱是天下最纯洁最伟大最无私的爱，他们宁愿把自己的所有都奉献给孩子。也许我们家境不比别人好，但请相信，再多的钱也买不了人世间的一样东西——父母的爱！

父母给了我们无私的爱，却从不希望从子女的身上得到什么。就像太阳每天都会把她的温暖给予我们，从不要求回报。但是作为子女，我们必须懂得“感恩”，“感恩”就是一种回报。

孝敬父母，是中华民族的传统美德，更是我们做人的根本。

那么你是否能在父母劳累后递上一杯暖茶，在他们生日时递上一张卡片，送上祝福；你是否能在他们失落时奉上一番问候与安慰，在他们生病时守候在他们的身边；你是否关注过他们的身体安康，体会过他们的劳累，又是否察觉到那缕缕银丝、道道皱纹?

感恩需要你用心去体会，去感同身受。需要你的一个微笑，一句问候，一声呼唤，一丝感慨，一个体贴入微的举止。

有这样一个儿子，他是个大款，母亲老了，牙齿全坏掉了，于是他开车带着母亲去镶牙。一进牙科诊所，医生开始推销他们的假牙，可母亲却要了最便宜的那种。医生不甘就此罢休，他一边看着大款儿子，一边耐心地给他们比较好牙与差牙的不同。可是令医生非常失望的是，这个看似大款的儿子却无动于衷，只顾着自己打电话抽雪茄，根本就不理会他。医生拗不过母亲，同意了她的要求。这时，母亲颤颤悠悠地从口袋里掏出一个布包，一层一层打开，拿出钱交了押金，一周后再准备来镶牙。

两人走后，诊所里的人就开始大骂这个大款儿子，说他衣冠楚楚，吸的是上等的雪茄，可却不舍得花钱给母亲镶一副好牙。正当他们义愤填膺时，不想大款儿子又回来了，他说："医生，麻烦您给我母亲镶最好的烤瓷牙，费用我来出，多少钱都无所谓。不过您千万不要告诉她实情，我母亲是个非常节俭的人，我不想让她不高兴。"

百孝不如一顺，有时候或许我们觉得父母的想法与我们大相径庭，但不要把自己的想法强加于父母，默默地顺从他们，就是对他们的一种爱护。感恩不仅仅是为了报恩，因为父母的有些恩泽是我们无法回报的，有些恩情更不是等量回报就能一笔还清的，唯有用诚挚纯真的心灵去感受去体会去理解，才能真正对得起给你一切的人。

"感恩"是一个人与生俱来的本性，是一个人不可磨灭的良知，也是现代社会成功人士健康性格的表现，一个人连自己的父母都不感恩的人必定有的是一颗冷酷绝情的心。

被评为2013年最美孝心少年的安徽"板车女孩"黄凤，6岁时爸爸意外摔伤高位截瘫，妈妈离开了家。从此她便挑起这个家的生活重担。11岁时她推着400斤的铁板车把爸爸带到上海治病。连续十年，她独自照顾爸爸，给他喂饭、翻身、按摩、换尿片，从来没有过一句抱怨，风霜雨雪再累再苦也不曾放弃！今年已满16岁的她说：“委屈时看见我爸笑，就没事了。”

从这个6岁就懂得感恩父母的同龄人身上，我们是否应该学到点什么？同学们，不要再认为父母帮我们做任何事情都是理所当然的，不要把父母对你的爱肆意践踏。请用一颗感恩的心去对待父母，用一颗真诚的心去与父母交流，学会感恩，学会报答，从现在开始，我们也要为他们做点什么。

用心学习、品行端正，不让他们为我们操心；洗碗拣菜、端茶倒水，让他们能多休息一会儿；哼哼小曲、讲个笑话，让你的家庭充满欢声笑语；谈心聊天、逛街散步，与父母时时进行爱的交流……尽自己所能给父母留下最难忘的美好时光，让他们开心，让他们骄傲，让他们放心，以自己的行动感谢父母亲给予我们的一点一滴。

校园幽默

“爱”（love）的将来时：语法课上，老师正在讲授动词的时态。他问马琳：“你说说，‘爱’的将来时是什么？”马琳毫不迟疑地问答：“结婚！”

学校篇

我们常说，家是每个人心灵的港湾，在我们失落、无助的时候，总能在家里得到慰藉。而对于学子们来说，学校就是我们的第二个家。这个“家”有和蔼可亲的老师，亲密团结的同学，有宽敞明亮的教室，美丽如画的环境……学生的大部分时间都会在这里度过。

在这个“家”里我们学到了知识，建立了友爱，更懂得了做人的道理。这个“家”是我们做梦的温床，成长的乐园，也是我们竞技的战场。我们的青春在这里闪光，我们的血液在这里沸腾，我们的智慧在这里升华，我们的理想在这里放飞。

若干年以后，当我们翻开记忆的仓库，我们会发现，校园留给我们的记忆最丰富多彩，课堂上的逸闻趣事，操场上的矫健身姿，老师们的神采飞扬，同学们的嬉戏打闹，还有那高大的垂柳，曲折的小路，甚至校园里的一草一木都会是那样的亲切熟悉。

纵是千磨万烙，记忆的沟壑永远不会平展。走遍天涯海角，心中最眷恋的地方依然是我们美丽的校园！

花开的季节，让我们在和谐的教育氛围中愉快地学习；花开的季节，让我们在知识的兴趣乐园中陶冶情操；花开的季节，让我们在愉悦的人际关系中健康地成长。把握生命中的每一天，抛弃迷茫，把握航向。用我们的智慧和勇气扬起理想的风帆，用我们的青春和生命奏响时代的强音。向着目标不断前进！

请相信，我们的未来不是梦！今天，掌握在我们手中！

做时间的主人

如果你有3万元钱，丢掉了300元你会很心疼。然而你在无聊中浪费了300天，却可能没往心里去。你可曾想过，前者是财富的1%，而后者是生命的1%。如果你没有认识到这一点，这就太遗憾了！按82岁的寿命来计算，人的一生只有3万天，去掉幼年、暮年、生病、吃饭以及睡觉的时间，真正用于工作、学习的时间更少了。人生的路是漫长的，然而关键的却只有几步。

小学生年龄较小，自我约束力比较差，他们对时间的理解和利用是浅显的、被动的；十几岁的初中生比较贪玩，自我约束能力尚欠缺，但他们可以在师长的敦促下萌发一些理解和利用时间的念头，慢慢有了时间观念。对于一个中学生而言，如果没有一点自主的时间意识，那将是一件非常危险的事情了。如果在青年时期没有养成良好的合理安排时间的习惯，对于今后的学习、工作是非常不利的。

大文豪鲁迅先生曾说过：“哪里有什么天才，我只是把别人喝咖啡的时间都用在工作上！”是的，时间对于每一个人都是公平的，就看我们如何利用它。然而，我们有些同学就是不懂得珍惜时间。

上课时，别人认真听讲，他在做小动作，玩得不亦乐乎；放学后，别人抓紧时间回家做作业，他在外面磨磨蹭蹭、玩个尽兴才回家；晚上学习时，别人奋笔疾书，他一会摆弄这个一会摆弄那个，作业总是做到大半夜；第二天大清早别人背书，他就在教室打瞌睡……学期结束后，别人取得好成绩，他只能在一旁看着成绩单垂泪。年复一年，当自己醒悟之时，已经悔之晚矣！大好的青春岁月已经一去不复返，这就是他们浪费时间种下的恶果！

朱自清曾经在他的《匆匆》一文中说过：“洗手的时候，日子从水盆里过去；吃饭的时候，日子从饭碗里过去。当你觉察它去的匆匆了伸出手遮挡时，它又从遮挡的手指间过去。天黑时，你躺在床上，它便伶伶俐俐地从你身上跨过，从你脚边飞走了……”

自然界的种种事物不都这样吗？年复一年，周而复始。不知不觉中过了一年又一年。然而，就在这周而复始间，时间却像流水一样，正悄悄地从我们身边溜走，一去不复返了。如果我们不能珍惜时间，把握时间，做时间的主人，那么我们的一生将一事无成。

爱迪生一生只上过三个月的小学，他的学问是靠母亲的教导和自修得来的。他的成功，应该归功于母亲自小对他的谅解与耐心教导，才使原来被人认为是低能儿的爱迪生，长大后成为举世闻名的“发明大王”。

爱迪生从小就对很多事物感到好奇，而且喜欢亲自去试验一下，直到明白了其中的道理为止。长大以后，他就根据自己这方面的兴趣，一心一意做研究和发明的工作。他在新泽西州建立了一个实验室，一生共发明了电灯、电报机、留声机、电影机、磁力析矿机、压碎机等总计两千余种东西。爱迪生的强烈研究精神，使他对改进人类的生活方式，做出了重大的贡献。

“浪费，最大的浪费莫过于浪费时间了。” 爱迪生常对助手说。“人生太短暂了，要多想办法，用极少的时间办更多的事情。”

一天，爱迪生在实验室里工作，他递给助手一个没上灯口的空玻璃灯泡，说：“你量量灯泡的容量。”他又低头工作了。过了好半天，他问：“容量多少？ ”他没听见回答，转头看见助手拿着软尺在测量灯泡的周长、斜度，并拿了测得的数字伏在桌上计算。他说：“时间，时间，怎么费那么多的时间呢？”爱迪生走过来，拿起那个空灯泡，向里面斟满了水，交给助手，说：“里面的水倒在量杯里，马上告诉我它的容量。”助手立刻读出了数字。爱迪生说：“这是多么容易的测量方法啊，它又准确，又节省时间，你怎么想不到呢？还去算，那岂不是白白地浪费时间吗？” 助手的脸红了。爱迪生喃喃地说：“人生太短暂了，太短暂了，要节省时间，多做事情啊！”

一个人成长履历里有许多关键词，但我认为其中一个最重要的关键词应该是时间。曾经有人研究过天才是如何产生的这一问题，得出的结论是，任何一个所谓世界级的天才，都需要经过一万小时的刻苦训练才能练成。钢琴家是这样，奥运冠军是这样，科技专家也是这样。可以说，这叫一万小时定律。所以，无论什么领域的领军人物，没有一万小时这个神奇法则，就很难产生什么领军人物，这是被一而再、再而三的实践所证明了的。

因此，时间是学生学习中不可忽视的重要因素。华罗庚说过：“勤能补拙是良训，一分辛苦一分才。”人生未来是否精彩，除了靠自身的天赋以外，最重要的是看自己努力的程度了，努力的成本当然是对自己时间的把握。

麦肯锡公司曾经有过一次沉痛的教训：该公司曾经为一家重要的大客户做咨询。咨询结束的时候，麦肯锡的项目负责人在电梯间里遇见了对方的董事长，该董事长问麦肯锡的项目负责人："你能不能说一下现在的结果呢？"由于该项目负责人没有准备，而且即使有准备，也无法在电梯从30层到1层的30秒钟内把结果说清楚。最终，麦肯锡失去了这一重要客户。从此，麦肯锡要求公司员工凡事要在最短的时间内把结果表达清楚，凡事要直奔主题、直奔结果。麦肯锡认为，一般情况下人们最多记得住一二三，记不住四五六，所以凡事要归纳在3条以内。这就是如今在商界流传甚广的"30秒钟电梯理论"或称"电梯演讲"。

只要我们细心观察那些成功人士，就会发现他们实际上都是相当具有规划性的人。我们抛开那些处于世界巅峰的成功人士，因为他们距离我们太过遥远，只要稍微留心一下身边那些做出一番成就的人，就会发现其实他们的成功并不是什么秘密。他们成功的秘诀往往在于他们学会了如何进行时间管理。

其实，学生之间的智商差别并不大，关键就看谁抓住了时间，就看谁有毅力、谁有方法，看谁在学习上更有主动性、积极性和自觉性。谁抓住了时间，谁就赢得了未来。现在，人们都忧心地发现：中学生中出现了一种浮躁现象，讲吃、讲穿、贪玩风盛行，许多学生把大好时光都浪费在零食、名牌、聊天、网游之中。学生对时间的漠视势必影响学习和思想。

很多青少年都很羡慕美国、日本富裕的生活条件及其生产的轿车、电器。然而，你知道他们是多么珍惜时间吗？

早在200多年前美国还没独立的时候，美国启蒙运动的开创者、科学家、实业家和独立运动的领导人之一富兰克林就在他编撰的《致富之路》一书中收入了两句在美国流传甚广、掷地有声的格言：时间就是生命时间就是金钱。

20世纪90年代初，中国辽宁青年参观团在日本出席一个会议，出国前团长准备了厚厚一叠发言稿，可是届时日方官员递上的会序表却写着：中方发言时间：10点17分20秒至18分20秒。发言时间仅为一分钟。这在那些“一杯茶水一支烟，一张报纸看半天”的人看来，似乎不可思议，而在日本却是极为平常的。日本从工人到学者，时间观念都非常强。他们考核岗位工人称不称职的基本标准就是在保证质量的前提下单位时间的劳动量，时间一般精确到秒。他们从小就养成了做事干脆，从不拖泥带水的好习惯。

有时我们总会抱怨时间不够用，许多要干的事都没有干，但是真的怪时间吗？时间就像海绵里的水，只要愿挤，总还是有的。归根结底是自己不抓紧它。杰弗逊说得好：“从不浪费时间的人，没有工夫抱怨时间不够。”当你愁眉不展的时候，时间已从你的抱怨中跳过。

有这样一则故事：

从前，鸭与鹅是一对好朋友，它们有个共同的梦想：一起去旅行。

春天，鹅对鸭说：“一年之计在于春，一日之计在于晨。春天是旅行最好的时光，我们出发上路吧！”“阳光明媚的春天最适合睡觉了，我看啊，树叶繁茂的夏天去吧！”鸭说。

夏天，鹅说：“夏天到了，我们出发吧！”“才不要呢！夏天骄阳似火，会变成烤鸭的！等天高云淡的秋天去也不急，不急。”鸭又说。

秋天，秋风送爽，鹅说：“凉风习习的秋天来了。快出发吧！”鸭打了个哈欠，说：“为什么？今年的秋天怪怪的——太冷了。等冬天再去吧！”

冬天，鹅说："现在总可以出发了吧？""鹅毛大雪的银色世界去什么呀？要不——"鹅再也不听了，它早就远走高飞了。

最后，鸭的翅膀退化了，再也飞不起来了。它看看天上的鹅，心想：春天温度刚好，我为何不去？夏天绿树成荫，我怎么没去？秋天叶子飞舞，我为什么没去？冬天，天气冷，飞行可以锻炼身体，我怎么又错过了？我真懊悔呀！

同学们，光阴易逝，时间如金。"少年易老学难成，一寸光阴不可轻！"不要把今天该做的事推到明天，从现在开始，让我们珍惜每一寸光阴，把握每一寸光阴。

聪明的人，今天会做明天的事；踏实的人，今天会做今天的事；懒惰的人，今天会做昨天的事；愚蠢的人，会把今天的事推给明天。

聪明的孩子们，让我们做时间的主人，珍惜眼前的一分一秒。

校园幽默

一同学课堂里什么都不想做，只是在那里呆坐。老师把他叫过来，问道："你在课堂上怎么什么都不做啊？"那同学低声答道："谁说我什么都没做？我在等下课铃！"

兴趣是最好的老师

伟大的科学家爱因斯坦说过："兴趣是最好的老师。"这就是说一个人一旦对某事物有了浓厚的兴趣，就会主动去求知、去探索、去实践，并在求知、探索、实践中产生愉快的情绪和体验。所以古今中外的教育家无不重视兴趣在智力开发中的作用。

学习是一个人终生都必须做的事情，一个人能否成功，能否获得生活的幸福，在一定程度上取决于他的学习能力。而一个人的学习能力，则取决于他从小养成的优良的学习兴趣。

一百多年前出了一位震惊世界的神童，他就是卡尔·威特。威特七八岁时，已经能够自由地运用德语、法语、拉丁语等六国语言了，并通晓物理学、化学，尤其擅长数学。九岁的时候，他就考入了莱比锡大学。未满14岁就被授予哲学博士学位。两年后，又获得了法学博士学位。取得这样的成绩是与他从小培养学习兴趣分不开的。

也许有人以为小威特的生活除了坐在书桌前面，其他什么也不干。

实际情况并非如此。用他父亲的话说，威特坐在书桌前的时间比任何一个少年都少。他把大量的时间尽情地花费在了玩耍和运动上，是一个非常健康活泼的孩子。

能够让自己的孩子既轻松愉快又学到如此丰富的知识，老威特有自己非常独特的教育方法。他不使用填鸭式灌输，而是首先唤起威特的兴趣，然后适应其兴趣进行恰到好处的教育。

小威特长到三四岁时，父亲每天都要带他散步一两个小时。但是这种散步不只是简单走走，而是一边同威特谈话，一边教育他。比如有时在散步时老威特会摘一朵野花解剖一下，向小威特讲解花的生长特点和作用；有时在花园里捉个小虫，就教他有关昆虫的知识。就这样，他通过一块石头、一草一木等实用素材来对小威特进行最生动的教育。

为了教小威特认字，老威特也使用了一些小孩还无法识破的“小伎俩”。如他给小威特买来小人书和画册，非常有趣地讲给他听，用一些带鼓励的话语来激发他幼小的心灵，像“如果你能认字，这些书你都能明白”之类的话语。有时，他则干脆就不讲给他听，故意对他说：“这里面的故事非常有趣，可爸爸没有工夫给你讲。”这样反而激发和唤起了小威特一定要识字的想法和心愿，待他有这种强烈的认字欲望后，老威特才开始教他识字。

小威特的学习兴趣越来越浓郁，开始自己琢磨如何弄懂一些问题并亲自去尝试，渐渐地，老威特已经不用强调他该怎么做了，因为这个孩子完全被学习吸引了。

老威特希望天下的父母和孩子都明白，爱护和激发学习的兴趣是十分重要的。

进入初中后，学生在身体和心理等方面都已经具备了接受初中教育的条件。随着知识、经验、技能的不断丰富，已不同程度地产生了表达自己对周围世界的认识和情感的要求，会对他感兴趣的事物优先注意或积极地探索，并表现出心驰神往。借此时机，要培养自己在学习方面的兴趣。

许多学生都觉得学习是一种艰苦复杂的脑力劳动，对于不爱学习的同学来说，学习无疑是很辛苦的。因为缺乏兴趣的支撑，天长日久地围绕书本苦读苦思的确是一件十分痛苦的事情。但是，如果我们对书本、对求知产生了兴趣，就能帮助我们克服学习中的畏难情绪和困难，学习起来不仅不觉得苦和累，而且会感到其乐无穷。从而自觉自愿地投入，真正变“要我学”为“我要学”。

古往今来，大凡卓有成效的大家、学者无一不对自己所从事的科研事业充满浓厚的兴趣。

我国著名数学家陈景润，在数学研究中达到了如痴如醉、废寝忘食的境地。1966年，屈居于六平方米小屋的陈景润，借一盏昏暗的煤油灯，伏在床板上，用一支笔，耗去了几麻袋的草稿纸，最终攻克了世界著名数学难题“哥德巴赫猜想”中的(1+2)，创造了距摘取这颗数论皇冠上的明珠(1+1)只是一步之遥的辉煌。他证明了“每个大偶数都是一个素数及一个不超过两个素数的乘积之和”，使他在哥德巴赫猜想的研究上居世界领先地位。这一结果被国际上誉为“陈氏定理”，受到广泛征引。

有些同学会说：我对学习就是不感兴趣，我只对玩感兴趣。这就是一种对自己不负责任的态度了。兴趣不是天生的，而是逐渐培养起来的。作为中学生，我们正值学习文化的黄金时期，这个时期不注重培养对自己有益的兴趣，而沉迷于玩游戏、上网、搞恶作剧，那你将会为此付出沉重的代价。

姚明小时候，他的父母并没有刻意鼓励他把篮球当作自己将来的事业，他们只是让姚明做自己喜欢的事情。他们希望小姚明和普通的孩子一样读书、上大学、找工作，然后找到自己的生活方式。但姚明最终还是选择了篮球，后来他发现自己真的非常热爱篮球。

姚明、姚明的父母和他当年的老师、教练以及小伙伴都说，其实刚开始他并不喜欢篮球，对当年的他来说，篮球只不过是一种游戏。姚明的父亲姚志源说，小时候，姚明和其他男孩子一样，喜欢枪，后来爱看书，尤其爱看地理方面的书。有一段时间还对考古发生了兴趣，再往后，喜欢做航模，他第一次在体工队拿了工资，就去买了航模回来自己做。后来发现自己的身高优势，逐渐就喜欢打篮球了。

每个人在小时候都有自己特别喜欢或特别感兴趣的事。如有的孩子爱拆玩具，有的喜欢玩具枪或玩具汽车，有的喜欢玩积木，有的孩子爱看漫画书等等。上学以后，就应当保留这些兴趣并逐渐转移到去发现相关原理、去了解相关知识上去。这样就能把对学习的兴趣在原有的基础上慢慢发展起来。

从小，祖冲之的小脑袋里就充满了各种奇思妙想，对于天地之间的秘密非常感兴趣。

有一天，祖父带祖冲之去拜访一个精通天文的官员何承天。何承天很喜欢聪明伶俐的祖冲之，就问祖冲之："研究天文不但很辛苦，而且既不能靠它升官，也不能靠它发财，你为什么还要钻研它呢？"

祖冲之挺着小胸脯说："我不求升官发财，只想弄清天地的秘密。"

打那以后，祖冲之经常去找何承天学习天文历法和数学，还学习各种机械制造等，通过刻苦的钻研和丰富的实践，祖冲之终于成为杰出的数学家、天文学家。

古人云：“知之者不如好之者，好之者不如乐之者。”兴趣对学习有着神奇的内驱动作用，能变无效为有效，化低效为高效。一个人，无论做什么事情，如果这件事情是他比较感兴趣的事，那么他一定非常愿意去做。即使再苦再累，困难重重，他都心甘情愿去做，而且乐此不疲。

据说刘谦学习魔术的兴趣也缘于一次偶遇。那年他7岁，有一次，跟着阿姨出门逛街。当他们在百货公司闲逛时，刘谦突然被某样东西给吸引住了，站在那儿一动不动，原来是一位叔叔正在表演魔术。当时，刘谦看到叔叔拿出一枚硬币放进小盒子里，然后冲他一笑，神奇的事情发生了，被困在盒子里的硬币，居然跑到叔叔的手里！这究竟是怎么回事，刘谦很好奇。于是，他想尽办法找到了答案，并对魔术产生了浓厚的兴趣。正是这种兴趣使他有了学习魔术的驱动力和坚持到底的毅力。经过许多艰辛实践、反复演练，他才有了现在的成功。

所以，从现在开始你应该有自己所努力的方向和冲动，不要把学习仅仅当作是自己的一种义务。说远一点，有对自己人生的目标和方向，说近一点，有对学科学习的目标和方向，这样才能更好地发展兴趣。当该学科没有太强的吸引力时，对最终目标的坚持是很重要的。学习过程多半都是要经过长期艰苦努力的，这种辛苦往往让懒散的人望而却步，但如果我们对学习的个人作用及社会意义有较深刻的理解，就会认真学习各门功课，从而逐渐对各个学科产生浓厚的学习兴趣。

我记得我刚上中学时喜欢文科而不喜欢数学，所以就很难把数学学好。是我真的没有学习数学的天赋吗？我知道不是，是对数学没有产生兴趣。后来为了让自己学好数学，我努力试着自己去做一些数学难题，这样坚持一段时间以后，终于把自己认为不可能做出来的难题解决了，那种成功感简直比中彩票更快活。从此，我发现自己是有能力解决数学难题的。做对的次数越多，成功感就越多，兴趣就越浓。到初二时我的数学已经学得非常棒了，初三时学校数学竞赛我居然得了全校第一名，使得许多原来的数学尖子都非常羡慕。

有的时候，兴趣就是取得成功的钥匙，是要自己去找的。我们要自己主动去找，而不能只是守株待兔。找兴趣就像找乐子，那又何乐而不为呢？！

一位学生对学习地理毫无兴趣，觉得它枯燥无味，课堂上不爱听讲，总是怀着一种焦急的心情等待下课铃声。为了培养对地理的兴趣，他做了这样的练习：每节课上课前，他都要说几遍“我喜欢你，地理”！如此重复几遍之后，他觉得地理不像从前那样可恶了。然后他又在图书馆借了一本有插图的世界地理书，回家后，收拾干净房间，高高兴兴地读了起来，发现原来地理竟然是一门非常有趣的学科。他找到了兴趣所在，以后再上地理课时也开始听老师讲解了，后来很喜欢地理，总是急不可待地盼着上地理课。

对自己不喜欢的学科也要充满信心，相信该学科是非常有趣的，自己一定会对这门学科产生信心。想象中的“兴趣”会推动我们认真学习该学科，从而对该学科真正感兴趣。

学习是个循序渐进的过程，对学习既要知难而进，又要做到从易到难。在学习中遇到困难是很正常的现象，有的同学喜欢向困难挑战，在战胜困难时感到其乐无穷。这样也容易形成自己的学习兴趣。有的同学不喜欢困难重重的感觉，这样的话，在学习中可以选择从易到难的方法，不要急于求成。这样每前进一步都会有一种成就感，受成就动机的影响，同样可以培养学习的兴趣。

最后，我要说明的一点是，任何学科有它的乐趣和意义，可是真正的学起来都有枯燥的一面。学习要有耐心，也要有吃苦精神。如果能做到这些，你的学习就一定会非常棒！

校园幽默

英语老师批改作文，突然大发雷霆：“我从来没见过这么烂的作文！”另一老师问道：“写的什么？”英语老师说：“王子和公主的故事。”“不错啊！”“什么不错，他竟在开头写王子问公主：Can you speak chinese（你会说中文吗）？公主说：Yes（是的）。后面就全是中文了。”

学会轻松听课

对于学生来说，轻松听课是搞好学习的前提，如果一个学生上课走神，而在课后再补这节课的知识，恐怕是很难学好的。我常对一些学生家长说，别让你的孩子上什么补习班了，让他在学校抓住课堂，一个在学校课堂上不听讲的孩子，给他找十个家教也无济于事。

轻松有效地掌握一节课的知识，必须注意以下几个环节：

【听课前】

课前预习很重要，有些同学一提到预习就好像是给加了负担一样，其实是在心理上夸大了预习的难度。预习并不是说把下一节课的内容自学一遍，而是你只需把第二天老师要讲的课程快速地看一遍，每门课三五分钟就能轻松搞定。可别小看这几分钟，你这几分钟的付出能产生三个效果：

第一个效果，你知道老师要讲的内容哪些是你容易接受的，哪些是比较难理解的。这样在老师讲的时候你就会有意识地注意难点。注意力自然就集中了，这样听课就有非常好的针对性。

第二个效果，因为第二天老师要讲的课对你来说是陌生的，自己还不知道这些知识的原理，在预习的时候你会产生想探究这些知识的兴趣，如果一看老师明天要讲的内容挺刺激，学习的兴趣就被激发起来了，你往往就愿意主动地去学习。

第三个效果，通过提前预习，可以对未知的领域做一番思考，慢慢养成预习的好习惯，这样就使你的自学能力得到了很好的培养。这是一个人非常重要的学习技巧，你通过预习能够提升自己这种自学能力，可以使你受益终生。

【听课中】

首先，上课时千万不要心猿意马，要在上课前、听课中，始终注意排除脑子里其他问题的干扰。一定要集中精力，全神贯注地跟着老师的思路。

鲁迅先生从小学习认真。少年时，在江南水师学堂读书，第一学期成绩优异，学校奖给他一枚金质奖章。他立即拿到南京鼓楼街头卖掉，然后买了几本书，又买了一串红辣椒。每当晚上寒冷，夜读难耐，注意力被分散时，他便摘下一个辣椒，放在嘴里嚼着，直辣得额头冒汗。他就用这种办法驱寒，提高注意力迫使自己读书。由于他坚持苦读书，后来终于成为我国著名的文学家。

注意力集中是听好一节课的关键。课堂上，要尽量培养自己对课程的兴趣，掌握和适应教师讲课特点，把自己置身于其中。会听课的同学，可以一方面学知识，一方面学习思维方法，学生学到这些思维方法极为重要，不但可以防止死记硬背，而且以后遇到类似问题可以自己解决。

二是学会“五到听课法”，“五到”就是指耳、眼、口、手、脑都要动起来，多种感觉器官并用，多种身体部位全部参与听课活动。同时调动这些感官所获得的感受是一种综合的、立体的感受。

耳到：听老师讲，听同学发言、提问，不漏听、不错听。

眼到：看课本、看老师的表情、看板书、看优秀同学的反应。

口到：口说，包括复述、朗读、回答问题。

手到：做笔记、圈重点、写感想、做练习。

脑到：动脑筋，心力集中、积极思维。

“五到听课法”要求听课者全神贯注，灵活地根据课堂情境和老师要求，适时调整听课方法。

毛主席很忙，可他总是挤时间看书学习。他反对那种只图快、不讲效果的读书方法，提倡认真地学，反复地读，不动笔墨不看书。毛主席每读一本书，一篇文章，都在重要的地方划上圈、杠、点等符号，在书眉和空白的地方写上批语。毛主席的读书兴趣很广泛，哲学、政治、经济、历史、文学、军事等社会科学以至自然科学书籍无所不读。

毛泽东主席的这种“不动笔墨不看书”的做法，实际上就是为了全神贯注地学习，提高学习效率。

三是听课要抓住重点、难点与关键。学习每门课，都会遇到一些概念，掌握基本概念是学习的关键。听课时，一定要集中精力，听懂这些概念的内涵与外延，了解这些概念的表述方法，弄清它的应用范围与条件，怎样用它解决实际问题，等等。如果从教师讲解中抓住这几方面，听课就抓住了要领。有时重点不一定是难点，遇有难点要力争当堂消化，特别是关键环节必须弄明白。

四是处理好听课与记笔记的关系。学生一般都懂得记笔记的好处，也具备了一定的记笔记能力。但一定要坚持听课以听为主，以记为辅。要把主要精力放在理解教学内容上，在听懂的基础上记。遇到难题时，宁可停下来先听懂它而不是匆匆忙忙、不假思索地去记。有的人课堂上不思考，不理解，课后却花很长时间去重抄笔记，以便考试时背笔记。这种方法既浪费时间，又无法真正理解与掌握，是不可取的。

有一次，巴甫洛夫在上课时，发现台下有个学生头也不抬，十分紧张地记笔记。他马上中断了讲课，问这个学生："你在写什么，亲爱的先生？"该学生抬起头回答道："我在把您讲的东西记下来！"巴甫洛夫对他说："那你打算当速记员、秘书，还是当科学家、生理学家呢？"

巴甫洛夫对这个学生的尖锐批评说明了，听课必须以听为主，为听而记，要使笔记为你的学习服务，而不是为记而记，充当老师的速记员。

我觉得一个学生要学会听课，其中很重要的一个方面就是要学会记笔记，本书有一章专门介绍了如何做笔记，同学们不妨去认真看看。我这里要说的意思是，要协调好记笔记与听课的关系，这是提升听课效率的重要环节。

五是要积极思考、大胆发言。学生如果在课堂上能积极举手、积极回答问题，听说并用，听课效率必然很高。这样学生就不容易走神，他的课堂效率就得到保证了。老师们都喜欢在课堂上踊跃回答问题，并且能质疑老师，敢于发表不同意见的学生。因为这样的学生才真正在体验探求知识的乐趣。

【听课后】

老师每讲完一节课，如果这节课很重要，或者这节课是后续课程的铺垫的话，一般都要布置作业，这种作业其实就是让学生温故知新。你通过做作业，使上一节课的内容得到巩固、夯实、提高，这样你下一节课听课的时候就显得轻松。如果下一节课老师要讲的内容，恰好是在上一节课的基础上展开的，老师上一节课布置的作业没有认真完成，下节课听着就很累。于是就形成一个恶性循环，上节课没学好的东西影响到下一节课，下一节课听不懂又会影响以后的，遗留的问题就像滚雪球一样越来越大。这样很可能就因为一次作业没完成，导致了这一个阶段效果都很差，积重难返。所以，对老师布置的作业必须认真对待。

但是现在很多学生不重视作业，有时候就是应付，甚至还有一些学生抄袭作业。我们承认，做学生的确很苦，学习科目繁多，老师布置的作业量又大，如果时间安排不合理的话，会导致经常完不成作业。有些学生经常做到深夜也做不完作业，影响睡眠，也影响第二天的听课效果。

遇到类似的情况，学生也不能因为作业多，就不睡觉了，我觉得你要注意选择。比如说今天布置的数学作业，要是对明天的数学课非常重要，你应该优先保证把数学作业做好。今天布置了物理作业，但是明天没有物理课，如果你的时间确实不够，可以把这一科作业暂时拖到明天做。我说的是在时间严重不够的前提下。

最后再告诫大家：要提高听课效率，还要调整好自己的作息时间。只有调整好自己的作息时间，才能保证听课时精神饱满。有些同学课间疯狂的玩，一上课就犯迷糊；有些同学太磨叽，晚上十二点还在做作业；有些同学太刻苦，连午休时间都在拼命学习。这些都是不好的习惯，因为休息不好或者贪玩都会耗费你的精力，到了上课时稍不留神就打瞌睡，那么这节课你就会一无所获了。

所以我们要注意调整好自己的生物钟，让自己在课堂上保持旺盛的精力，处于兴奋状态，这样才能轻松高效地听课。

校园幽默

考试中，甲苦思不得答案，又没有“邻居”肯帮忙，于是想到妙招……

学生甲：“喂！同学，偷偷告诉您喔！前五题答案是AAAAA。”

学生乙：“白痴！哪有答案一样的？应该是BCDCA啦！”

学生甲：“噢，知道了，谢谢！”

学无定法　贵在得法

成功不是靠天才，成功也不是靠蛮干，成功是靠正确的方法。

“学习有法，学无定法，贵在得法。”只有方法正确才能达到事半功倍的效果。我们常常看到，有一部分同学，学习也不是不努力，可是成绩就是始终上不去，不断增加学习时间，希望能够提高考试成绩，可总是事与愿违。为什么呢？我认为：最大问题是学不得法，学习的效率不高，导致了教师苦教，学生苦学，家长苦熬，学习常被罩上一层阴影。所以，学习一定要掌握学法，提高效率。

● 保持愉悦的心态，提高学习效率

浙江大学理科高考状元陆文曾经说过，不是抓紧每一分钟学习，而是抓紧学习的每一分钟。这句话精辟地论述了学习是讲求效率的，成绩的提高不是通过延长时间实现的，而是通过提高单位时间内获取的知识、技能的量来提高的。而学习效率与人的愉悦情绪、良好心态有关。很多伟大的发明都是在没有压力的前提下完成的。

法国数学家高斯早年在哥廷根大学读书，是个很有天赋的学生。每天他要完成老师布置的三道数学题。有一天他顺利地完成前两道，到了第三道题他做得不够顺利，但他依然没有放弃，心平气和地一遍又一遍演试。

题目是这样的：只用圆规和一把没有刻度的直尺，画出一个正十七边形。高斯用尽自己所学的知识但依旧毫无进展，于是他尝试用超常规的方法，终于解开了这道题。

第二天导师看了他的解答过程之后非常惊奇，问道："这是你做出来的吗？"高斯回答："是我花了一个通宵完成的！"岂料导师激动地喊到："你解开了一个二百多年的数学悬案！"原来导师努力多年一直试图解开这道题，他昨天不小心将题夹在作业中。之后高斯笑着说："如果我知道这道题是二百多年来无人能解的，我可能永远没有信心解开它。"

学习必须勤奋、刻苦，然而，学习更需要效率，抓好学习中的每一分钟。要想高效率地学习，必须心态保持平和、安静、愉悦。否则，欲速则不达，越急躁就越是无法达到理想的目的地，只能事与愿违、半途而废。

● 善于利用零碎时间，提高学习效率

时间往往不是一小时一小时浪费掉的，而是一分钟一分钟悄悄溜走的。永远不要小看那些零碎时间，善于利用这些时间你一定会有意外收获的。

人类对时间的意识和控制，随着社会的进步而逐渐加强。现代人计量时间的单位由时、刻、分、秒逐步精确到毫秒、微秒、纳秒等。

对时间计算得越精细，事情就做得越完美，如果在学习上你能以分为单位，对那些看起来微不足道的零碎时间也能充分加以利用，你才能在学习中会有所收获。

有一个人向禅师请教："我想学禅，体悟人生真谛。我应该从哪里开始做起呢？"

"从这里。"禅师边说边用木棍在地上画了一条线。

那人大惑不解地问："这里是哪里？"

禅师当头棒喝道："这里就是此人、此时、此地！"

禅师的话究竟是什么意思?

禅师的意思是，不管你想学什么，你都应该马上行动起来。

许多同学往往习惯于等时间，认为那些零散的时间不够用来学习或者做一件事，就白白浪费掉。其实这些时间看似很少，但积少成多。几分或几十秒的时间，看起来微不足道，但汇合在一起就大有可为。以高分考入北京大学新闻与传播学院的张文静同学谈到自己的学习经验时说："用零散的时间记忆零散的知识，效果非常好！大家不妨都去试试。"

零散的知识主要是英语单词和语法，语文的语音、词语，数理化的一些基本概念，历史的年代顺序等基础知识。把这些零碎的知识写在小纸片上，随身携带，在零散的时间记忆是最好不过的了。大块的读书时间可以用来读文章，做习题，记忆政史地等系统性较强的知识。

其实，在你的日常生活中，有许多零星的时间，如车站候车的三五分钟，等候用餐的半个小时，睡觉前十几分钟，等等。如果珍惜这些零碎的时间，把它们合理地安排到自己的学习中，积少成多，就会成为一个惊人的数字。

● **明确目标任务，提高学习效率**

孩子们，我知道你们现在对自己充满信心，让我们带着对未来的美好愿望，开开心心地把握每一天。合理安排自己的时间，强化锻炼，保证睡眠，怀着愉悦的心情快乐地学习和生活，朝着自己心中的目标迈进！

孩子们，不论你以前收获了多少，老师建议你从现在开始明确自己的目标任务，最好具体到每一天。

我们再次一起来分享一个故事吧！

据说，玛丽·凯·阿什曾在创办玛丽·凯化妆品公司初期，听到一则有关查尔斯·施瓦布（美国一家钢铁公司总裁）的故事，这个故事对她一生的影响很大，故事大概是这样的：

一名企业管理顾问艾·维·李对施瓦布说："我可以教你如何提高公司的效率。"

施瓦布问："费用是多少？"

李说："如果无效的话，免费；但如果有效，希望你能把公司因此省下的费用的1％给我。"施瓦布同意说："很公平。"接着施瓦布问李要怎么做。

"我需要与每一位高级主管面对面谈10分钟。"

施瓦布答应了。

李开始与所有高级主管会面，他告诉每一位主管："在下班离开办公室前，请写下6件你今天尚未完成，但明天一定得做的事。"

主管们都同意这个主意，在开始实行这个计划后，他们发现自己比以前更专心了，因为有了这张表，他们会努力完成表上的事情。不久之后，公司的生产力有了显著的改善。

几个月后，因为效益惊人，施瓦布开了张35000美元的支票给李。

玛丽·凯说："当我听到这个故事后心想，提高效率对施瓦布而言值35000美元，对我也会有同样的价值。”

因此，她开始在每天下班前写下6件明天要做的重要事情，而且也鼓励业务员这么做。后来的玛丽·凯化妆品公司拥有20多万业务员，印制了上百万份的粉红色小便条本，每一张便条纸上写的都是：“我明天必须做的6件重要事项。”

孩子们，读完这个故事你是不是很有感触？它让我们深刻认识到做好计划、定好目标，是提高工作效率的最有效的方法之一。工作如此，对于学习来说难道不是同样的道理吗？我们能做到每日三问并坚持写下自己今天尚未弄懂的知识和未完成但明天一定得弄懂和非做不可的事，这是直奔目标的最好方法。运用这种方法，就能有条不紊地按计划完成自己的学习任务，提高学习效率。

求学这条路是很辛苦的，因此需要一颗安静的心，一份精细的计划，一种从容和淡定，一个明确的目标。安静就能思考，计划就要落实，目标就是方向。只有心灵安静了，计划周密了，目标明确了，才可以让自己专心致志，有条不紊，努力每一天！

● **劳逸结合，保证学习效率**

每天保证8小时睡眠。晚上尽量不要熬夜，定时就寝，中午坚持午睡。充足的睡眠、饱满的精神是提高效率的基本要求。

1888年，美国第23届总统竞选。候选人本杰明–哈里森很平静地在等待最终结果。他的主要票仓在印第安纳州。印第安纳州的竞选结果宣布时间已是晚上11点钟了。一个朋友给他打电话祝贺，却被告知哈里森早已睡觉了。

第二天上午，那位朋友问他为什么睡这么早。哈里森解释说：“休息好通常是工作效率高的必要保证。况且熬夜并不能改变结果。如果我落选，我为什么要熬夜等待这个结果？如果我当选，我知道我前面的路会很难走。所以说，不管怎么样，休息好不失为明智的选择。”

同样，孩子们现在承受如此大的学习压力，也应该做出明智之举，进行自我调节，保持良好的精神状态。我经常告诫我女儿：学习时一门心思学习，觉得累了瞌睡了时马上放下书本去休息，不要硬撑；想吃东西时离开书房在客厅大大方方地吃；注意力不集中时和我聊天休息一会儿；更不要在“被窝里写作业、看书”。学习是讲求效率的，不能光靠无限地延长时间，去完成学习任务。

另外，最好不要在学习的同时干其他事或想其他事。一心不能二用的道理谁都明白。现在有许多同学就喜欢边学习边听音乐，你是否也有这个坏习惯？或许你会说听音乐是放松神经的好办法，那么老师建议你尽可以专心地学习一小时后，全身放松地听一刻钟音乐，这样比带着耳机做功课的效果好多了。我给女儿配备了手机、MP5等，但同时也定了一条规定：这些东西任何时候都不能带进学校和家里的书房。这几年她都一直非常自觉地遵守着，丝毫没影响到她的学习。

玩的时候痛快玩，学的时候认真学。一天到晚伏案苦读，不是良策。学习到一定程度就得休息、补充能量。学习之余，也一定要注意适当休息。但学习时，一定要全身心地投入，手脑并用。学习的时候要有“虽处闹市，而无车马喧嚣”的境界，只有你的手和脑一起与课本交流，才会有很高的效率。

● 用自我塑造法，提高学习效率

当然，对于因其他原因而引起的学习问题，则还需综合考虑运用其他方法。下面给同学们介绍几种自我塑造法来提高你的学习效率。

如果你学习效率不高的症结是行为拖拉，为克服这个缺点你不妨给自己定一些时间限制，例如一小时内完成这份练习、几点以前做完那份测试等等，这样不仅有助于提高效率，还不会产生疲劳感。如果可能的话，逐步缩短所用的时间，不久你就会发现，以前一小时都完不成的作业，现在40分钟就完成了。

如果你的毛病是注意力不集中，那么你应分析不集中的原因：在寝室读书不集中，则应责令自己到教室里去读；如果是爱做一些小动作，则可以给桌子上贴一句警示语提醒自己；注意力不能长时间集中，则应学习一会儿就略为休息一下，或改变一下学习内容。

如果原因是对读书不感兴趣，则首先努力去读自己有兴趣的书或改变单调枯燥的读书方法，将读书与娱乐、陶冶性情结合起来，或给自己的学习以一定的奖励。坚持一段时间后，随着良好习惯的形成，学习兴趣就会逐渐增加。

最后，老师还要啰唆一句：一定要坚持体育锻炼。身体是学习的“本钱”。没有一个好的身体，再大的能耐也无法发挥。因而，再繁忙的学习，也不可放松锻炼。有的同学为了学习而忽视锻炼，身体越来越弱，学习越来越感到力不从心。这样怎么能提高学习效率呢？

校园幽默

老师问：“如果你只剩下一日的寿命，你最想到哪里去？”

学生答：“我会将最后的一天留在这所学校，这个课堂。”

老师道：“好感动啊！现在竟然有学生这般好学！”

学生说：“因为我在教室里有‘度日如年’的感觉啊！”

好记性不如烂笔头

美国心理学家巴纳特1981年以大学生为被试对象做了一个实验，研究了做笔记与不做笔记对听课效果的影响。大学生们学习的材料为一篇有1800个词的介绍美国公路发展史的文章，以每分钟120个词的中等速度读给他们听。他把大学生分成三组，每组以不同的方式进行学习。甲组为做摘要组，要求他们一边听课，一边摘出要点；乙组为看摘要组，他们在听课的同时，能看到已列好的要点，但自己不动手写；丙组为无摘要组，他们只是单纯听讲，既不动手写，也看不到有关的要点。学习之后，对所有学生进行回忆测验，检查对文章的记忆效果。

实验结果表明：在听课的同时，自己动手写摘要组的成绩最好；在听课的同时看摘要，但自己不动手组的成绩次之；单纯听讲而不做笔记，也看不到摘要组成绩最差。

往往有一些学生认为，反正教材上什么都有，上课只要听讲就行了，没必要记课堂笔记。这种观点是错误的！研究表明，对于同一段学习材料，做笔记的学生比不做笔记的学生平均成绩高很多。由此可见，笔记本对学生来说也是必备的学习用具。

课堂上，有时老师的一句话，可能就是解决问题的关键。学生在课上记住了，但是，很可能到了课下就忘记了。一般来说，老师在课堂上会讲解很多知识内容，一节课要记的知识点也有很多，有些在课堂上消化不了，就需要先记录下来，课下再慢慢消化、理解，不懂再向老师请教。俗话说，“好记性不如烂笔头”，课堂上记笔记有助于对知识框架的总体把握。

随着课程内容的增多和复杂化，记笔记有助于抓住重点。如果因时间限制，当堂记的东西较零乱，那么课后还要进行整理，使之全面、有条理。整理的过程是一个很有效的过程，而且还能锻炼自己分析、归纳的能力，一举多得。所以，中学生应养成记笔记的习惯。

懒得记笔记的人，通常都自认为是聪明人。正因为他们聪明，觉得自己的记忆力不错，完全听得懂，所以就没有必要记录下来。正所谓聪明反被聪明误。这些“聪明”的人是不会听从劝告的，因为他们不知道自己因为不记笔记会失去什么。一旦陷入“并不知道自己不知道”的境地，就已经无从解脱。

明末清初思想家顾炎武的童年非常不幸，天花病差点夺走了他的生命。然而他在学习上却是有着非常坚强的毅力，虽然他体弱多病，但是在母亲的教导和鼓励下，顾炎武勤奋苦读，以过人的毅力手抄《资治通鉴》，边抄写边领会其内容，终于成为一代大学者。

很少有人仅凭天生的能力就可以拥有“神奇”的记忆力。别忘了，“遗忘”是大脑的自我保护功能。我们必须挣扎着经常整理已经输入大脑的信息，尽量让他们有序地排列起来——最基本的方法，就是记笔记。

“哎呀，怎么死活想不起来了？”“哟！我忘记了！”——这可能是每个人都有的经历，这本身就说明没有什么人能做到过目不忘。

如果你真见过那些“记忆力超群”的人，相信我，估计他们也一定用了某种属于他们自己的方法，浇注了大量的耐心才可以做到。只有一点是确定的，想不费吹灰之力做到过目不忘，那肯定是做梦。大凡一些卓有成效的名家并不是一出生就是个天才，而是因为他们比别人更懂得积累知识的重要性。

看看以下的这三位大学问家是如何做笔记的：

树干笔记：南北朝时的任未，外出求学时无钱住客店，便在树林里搭个小茅棚住，然后削荆条为笔，以树汁为墨水，读书做学问。因买不起纸张，便把书中的优美词句写在树干上，等有钱买到纸后再抄录下来，后人将此树林称为“经苑”。

布袋笔记：宋代诗人梅尧臣，外出时总少不了带上一个小布袋，每当读到佳句妙语，就把它们写在纸片上，然后投入小布袋中。做学问时，便从小布袋中取出所记的纸条，或予以引用，或启发思维，终成一位出色的诗人。

陶罐笔记：元末著名学者陶宗仪，避乱江华亭时，躬耕于田野，累了便坐在树下歇息、读书。每有所感，就取出随身带来的笔砚，在树叶上记下来，并将树叶笔记放入准备好的陶罐中，埋入树下。经过十余年的积累，竟有树叶笔记数陶罐。后经加工整理，终成颇有学术价值的《南树辍耕录》。

记笔记的方法可以有很多种，可记笔记的作用都是为了以后复习、消化。我们学习的过程与牛“反刍”的过程非常相似。很多的时候我们根本做不到一下子理解一个知识点的方方面面，而是在一段时间过后，才发现过去对它并不完全理解。记下来也是为了过后再逐步消化。

我现在深深体会到“好记性不如烂笔头”这句话的深意，看书学习不做笔记过不了多久所看的东西就所剩无几了。而且有些时候，我们会在很久之后拿出当初的笔记翻看，突然发现过去的理解完全是幼稚的、歪曲的。此时此刻，记笔记的好处就不言而喻了。

有的同学习惯于“教师讲，自己记，复习背，考试套”的学习模式，一节课下来，他们的笔记往往记了几页纸，可以说是教材和教师板书的“复制”，成了教学实录。但这些同学过分依赖笔记，忽视老师的讲解，忽视思考，以为老师讲的没有听懂不要紧，只要课后认真看笔记就可以了。殊不知，这样做往往会忽视老师的一些精彩分析，使自己对知识的理解肤浅，增加学习负担，学习效率反而降低，易形成恶性循环。

看来我得教教孩子们如何记笔记了。我知道在实际学习中，不少同学没有处理好听、看、记和思的关系，顾此失彼，影响学习效果。

一般来讲，上课要以听讲和思考为主，并简明扼要地把教师讲的思路记下来，课本上叙述详细的地方可以不记或略记。同时，要记下自己的疑问或闪光的思想。如老师讲概念或公式时，主要记知识的发生背景、实例、分析思路、关键的推理步骤、重要结论和注意事项等；对复习讲评课，重点要记解题策略（如审题方法、思路分析、最优解法等）以及典型错误与原因剖析，总结思维过程，揭示解题规律。

下面就几个重要学科记笔记的方法听听几个专业老师的建议。

● 如何记好英语笔记？

把握时机。记笔记的前提是不能影响正常听课和思考，这就要求我们在记笔记时把握好时机。记笔记的时机有三个：一个是老师在黑板上写字时，要抓紧时间抢记；二是老师讲授重点内容时，要挤时间速记、简记；三是下课后，没记下来的要尽快抽时间去补记。

注意内容。记笔记要避免两种倾向：一是一切都记；二是一切都不记。笔记的内容一般是：①重、难点。②疑点。③记书本上没有、老师补充的内容。以下内容则无须记笔记：①次要的知识。②一看就懂的内容。③书上有的知识。

课后整理。由于课堂上时间有限，老师所讲的一些内容自己当时可能漏记，书写也许会很潦草。下课后，要及时对笔记进行整理、归纳补充。最好能再抄一遍，一方面便于以后复习，一方面能加强对内容的理解记忆。

● **数学笔记记什么？**

记提纲。老师讲课大多有提纲，并且讲课时老师会将备课提纲书写在黑板上，这些提纲反映了授课内容的重点、难点，并且有条理性，因而比较重要，故应记在笔记本上。

记问题。将课堂上未听懂的问题及时记下来，便于课后请教同学或老师，把问题弄懂弄通。

记疑点。对老师在课堂上讲的内容有疑问应及时记下，这类疑点，有可能是自己理解错误造成的，也有可能是老师讲课疏忽造成的，记下来后，便于课后再向老师请教。

记方法。勤记老师讲的解题技巧、思路及方法，这对于启迪思维，开阔视野，开发智力，培养能力，并对提高解题水平大有益处。

记总结。注意记住老师的课后总结，这对于浓缩一堂课的内容，找出重点及各部分之间的联系，掌握基本概念、公式、定理，寻找存在问题、找到规律，融会贯通课堂内容都很有作用。

语文笔记可以分成三个阶段来进行：

【课前预习记】

学习新课以前学生要预习，把预习中学会的内容和自己不能解决的问题分别记在语文笔记的中间部分和右边部分。通过查工具书能够解决的字、词等内容都在这时完成，这是语文笔记三个组成部分之一。

【课堂听讲记】

这是语文笔记中最重要的部分。在语文课上，学生要边听课边记笔记，把新学的内容记在中间栏，把预习中理解不准确的现在得以更正的内容记在右边备注栏。边听边思维，总结出要点，概括成重点句子或重点词语写到笔记上，只要意思对怎么写都可以。要记关键词、生僻词、同音词和易混、易错字。

【课后巩固记】

语文课上过以后，学生要整理笔记，课文中已经解决了的疑问要追记，落下部分要补上，心得体会最好是概括地记上，文章中的好词好句也可以凭兴趣摘抄。通过课后的整理和修改，学生对内容的理解加深了，认识得到升华了。

其他科目同学们可以参照以上三学科的记笔记方法找到最适合最有效的方式。政治、历史、地理、生物这些科目，可以把笔记记在课本上。因为现在使用的课本都比较大，十六开的，旁边都留了空白，这个空白的部分其实就是让学生上课做笔记的。

孩子们，从今天开始养成随时记笔记的习惯吧。相信老师，最朴素的纸和笔是最有效的学习工具。只有记笔记成为长期坚持的习惯之后，你才会真正体会到这么做的好处。而那些自作聪明不这么做的人，只会因为从未体会到那样的好处而“一意孤行”。

校园幽默

语文老师讲公开课，很多领导过来听课。该老师很有感情地朗读了一篇文章，然后问同学们对这篇文章有什么感想。这时一位女同学举手，老师很高兴地说：“那请你来谈谈你的感想。”结果那位女同学站起来说了句：“老师我想吐！”说完就痛苦不堪地捂着嘴跑出去了。

校园是我第二个家

当我们在绿树成荫、繁花盛开的校园中漫步时，一定会感到心旷神怡；当我们在窗明几净、安静整洁的教室中读书时，一定会全神贯注；当我们在美丽优雅的环境中学习时，定会倍感心情舒畅。优美的环境让我们懂得珍惜，学会爱护；优美的环境，让我们知书达理，更加文明；优美的环境，让我们学习进步，道德高尚；优美的环境让我们学会谦让，学会做人。在优美的环境中，我们沐浴阳光，吸取着营养；在和谐的氛围中，我们满怀激情，畅想着未来。

有人说，学校是人类文化沙漠里的绿洲，它神圣而圣洁，肩负着知识的万代传承，文化的脉搏相传。学校是我们获取知识的海洋，学校的环境卫生是一个学校学生文明程度的重要标志，也是学校对外形象好坏的直观影响因素。相信每个人都喜欢在干净整洁的环境中学习生活，大部分同学在家中也有良好的卫生习惯，可是有些同学到了学校便把这个习惯丢了。

于是，校园里便不时出现不和谐的一幕：吃完东西随手把包装纸扔在地上；闲来无事在课桌上乱涂乱画；楼道里无所顾忌地大吵大闹；为贪一时之便而践踏草坪；在洁白的墙面上留下自己丑陋的足迹；在多媒体教室的窗帘上写上乱七八糟的不文明语言；营养早餐因为是免费的就不珍惜，鸡蛋随处乱扔；上课不认真听讲和邻座交头接耳；为一点小事没事找事大打出手；老师批评一句就横眉冷对欲与老师试比高……这些不文明的行为说小了是你习惯不好，说大了就是品质问题。

今年五月，网友“空游无依”在微博上曝出图片，埃及名胜古迹卢克索神庙的石壁上出现了“丁锦昊到此一游”的中文题字。

这位网友称，这是他在埃及最难过的一刻，看到这句中文时他感到无地自容。他对埃及导游“亚瑟王”说：实在对不起！没想到嘴里叨叨“怎么能这样怎么能这样”的亚瑟王，返过头来安慰他说：“这不是你们的错，这一定是哪个导游的错，导游应该阻止。”我们试图用纸巾擦掉这羞耻，但很难擦干净，又不能用水，这是三千五百年前的文物呀。这不是刻的，像是用粉状石块之类东西随手写上去的。

消息曝出后，舆论引起轩然大波。在谴责这种不文明行为的同时，也有网友“人肉”出，丁锦昊是南京某中学在读的初一学生等个人信息。事后，丁锦昊的父母主动站出来发声，在为孩子的行为道歉的同时，也恳请得到改正的机会。

也许这个同学只是一时兴起，毫无意识犯下了如此严重的错误，但是，这件事却能反映出他在文明习惯上的疏漏。

同学们，一滴水蕴藏着大海的本质，一束光反映了太阳的光辉，一件小事也能折射出一个人的修养。文明习惯是一个人的文化修养和行为情操的重要表现。文明与不文明，二者之间既是对立的，又是相互依存、相互渗透、相互比较产生的。一件小事这样做就是文明的，那样做就是不文明的，泾渭分明，道理并不复杂，但贵就贵在文明习惯的养成，难就难在要在行动上长期坚持。

某公司招聘一名职工，应聘者很多，最后一个其貌不扬的人被公司选中了，其他应聘者不服，就去公司问老板。老板说聘用他的原因是只有他带来了许多实质上的“介绍信”：他在门口蹭掉脚下的泥土，进办公室后随手关上门，说明他做事认真、仔细；他看到那个残疾老人，立即起身让座，表明他心地善良、体贴别人；应聘时他先脱掉帽子，回答问题干脆果断，说明他既懂礼貌又有魄力；其他人都从我故意放在地板上的那本书上迈过去，只有他俯身捡起它并放回桌子……这些不是很好的介绍信吗？把工作交给这样的人不是很放心吗？

以上的事例都说明，文明的一切都是由细节构成的。

透过一些细节，我们看见了文明离我们很多人还有一定距离，因此我们每个学生都应该养成文明习惯，做文明学生。我们的校园、我们的国家也因你我的文明而文明。

当我们环顾四周，现代化的教学楼，设施完备的电教馆，绿草如茵的操场，干净整洁的教室……使洋溢着青春的脸庞上或许已多出了一丝幸福感，那是属于家人的骄傲和自信。学校为我们创造了优美舒适的学习环境，为我们提供了展示自我的广阔舞台。每一个人都应该从心底深深地感谢她，爱校如家就是我们对学校爱的回报。走出校园，我们在校养成的良好习惯足以体现个人的素质和魅力，举止文明、谈吐优雅、行为规范、注重自身的精神风貌，一定会赢得他人的尊重。

古人云：“勿以善小而不为，勿以恶小而为之。”让我们就从身边的小事做起，从我做起！完善自我修养，营造和谐文明的校园环境！

你轻轻地挥手，作别昨日的陋习，正如你轻轻地来，秉承文明的火炬！随手扔下的是肮脏，顺手捡起的却是品德；箱内扔进去的是垃圾，箱外留下的却是高尚；走廊墙上的足迹只能见证你的恶劣品行；校园草坪上的脚印只能印下你的不文明习惯；窗帘上、墙壁上的大名绝不会使你流芳百世。同学们，加入文明的行列，争做文明的使者！ 把校园当作我们第二个家去爱!

因此，从现在做起，从小处做起。我们要做到爱校如家，爱护校园的一草一木，一花一树；爱护教室里的墙壁装饰、桌椅板凳；保持良好的卫生习惯，维护个人的良好形象，维护学校的良好形象。

爱我们的校园，建设和谐校园，需要我们每个人都有一颗善良的心和一个积极主动的心态。和谐的校园，是社会与学校的和谐，人与环境的和谐，学生与老师的和谐，同学与同学之间的和谐。

在课堂上，我们主要的任务就是听课、学习。我们要建立和谐的师生关系。师者，传道授业解惑也，是老师教给了我们文化知识，使我们从无知到有知，从幼稚走向成熟。老师给了我们知识的雨露，我们需要全身心地接受，珍惜老师的付出，尊重老师的劳动。

在生活上，积极关心帮助有困难的同学，多一点文明用语，少一些唇枪舌剑；多一些亲切微笑，少一些恶言恶语；多一些忍让谦和，少一些脏话暴力。让我们在学校也能感受到家的温暖，感受到和谐校园的温馨与亲切。让文明伴随着我们的成长，也让文明伴随着我们的社会。

“恰同学少年，风华正茂”，我们满怀憧憬，充满激情，我们追求成长和进步。在这个过程中，让我们亲近文明，表现文明，实践文明；让我们爱校如家，使文明行为永驻校园；让我们践行道德，彰显当代青少年的风采。

校园幽默

期末考试来临，许多学生想老师透露考题。

今天最后一堂课上，小明可怜兮兮地问："老师，您透露一点必考题。"

老师严肃地说："不行！我泄露了考题要受处分。"

小明幽幽地说："我不为难老师，您只要透露所有不考的题就行了。"

发现自己的闪光点

在美国耶鲁大学的入学典礼上，校长每年都要向全体师生特别介绍一位新生。有一年，校长隆重推出的，是一个自称会做苹果饼的女学生。很多学生包括老师都感到不可思议，耶鲁大学可谓是人才济济，而且不乏多才多艺之人，为什么要推荐一个仅仅擅长做苹果饼的学生呢？最后还是校长自己道出了原委。他说：耶鲁大学每年的新生都要填写自己的特长，而几乎所有的同学都填写诸如运动、音乐、绘画、唱歌、下棋等，从来没有人填过自己擅做苹果饼，我觉得这个特长才是真正的特长，如果他填上自己“擅长厨艺”，我可能就不会选她了，要知道所谓特长就是真正的擅长。

我国古代教育家孔子说过：“三人行，必有我师焉。”每个人的身上都有闪光点，我们要善于发现自己身上的闪光点。人人都有自我表现、获得成功的要求，学生的这种愿望就更强。我们都希望自己是最优秀的，能受到教师的夸奖、同学的赞赏。而要真正获得这些，就必须要发现自己的潜质，并将它无限利用起来。

没有什么比发现自己的兴趣与特长更重要了，我不相信一个人能把自己横看竖看都不顺眼的事做到最好。能够发现自己的兴趣与特长是非常幸运的，发现得越早就越幸运，因为和别人相比你可以少浪费一些时间、少走一些弯路，你发现了自己的特长就是找到了自信的源泉、成功的捷径。

许多学生学习成绩一旦落在后面，就对自己失去信心，越没信心学习就会越糟糕，而后便是对自己的一切都失去自信心，觉得自己这也不如人那也不如人，自卑心理也会随之产生。

在广袤无边的大草原上，一只小羚羊忧心忡忡地问老羚羊："这里一望无际，没遮没拦的，我们又没有锋利的牙齿，没有巨大的身躯，没有超群的体力，难道天生就要成为狮子、老虎的腹中之物不成？"老羚羊回答道："别担心，孩子，我们的确没有锋利的牙齿，但我们却拥有可以高速奔跑的腿。只要我们善于利用它，即使再锋利的牙齿，又能拿我们怎么样呢？"

世上万物，各有所长，鸟儿因其翅膀而翱翔天空，鱼儿因其善水而遨游江河，它们依靠自己独有的特长成为万物中的一员，在永恒的生存竞争中占得一席之地。

人生成功的关键在于要善于发现自己的长处。人只有善于发现自己的长处，才能使自己身上的一些优点真正突出来，然后变优点为优势，最后变为胜势。

1972年，新加坡旅游局给总理李光耀打了一份报告，大意是说：我们新加坡不像埃及有金字塔，中国有长城，日本有富士山，也不像夏威夷有十几米的海浪。我们除了一年四季直射的阳光，什么名胜古迹都没有，要发展旅游事业，实在是巧妇难为无米之炊。

李光耀看过报告，非常气愤。据说，他在报告上批了这么一行字：你想让上帝给我们多少东西？阳光，阳光就够了！

后来，新加坡利用那一年四季直射的阳光，种花植草，在很短的时间里，发展成为世界上著名的“花园城市”。连续多年，旅游收入名列亚洲第三位。

教育家苏霍姆林斯基说：“成功的欢乐是一种巨大的情绪力量，是继续学习的一种动力。”找到自己的闪光点，去体验成功，成功的体验会使我们有强烈的满足感，这种满足感就可以转化为自信心。

我们要善于发现自己身上美的东西，从而增强自我意识，充分调动其内在的积极因素，迸发智慧的火花，进而产生更多的闪光点。激发自己进一步学习的愿望，形成强大的学习动力，树立起学习的信心，推动自己不断学习、进步、收获。

一位心理学家从一班大学生中挑选出一个最愚笨、畏畏缩缩、最不招人喜欢的姑娘，并要求她的同学们改变以往对她的看法。在一个风和日丽的日子里，大家都争先恐后地照顾这位姑娘，向她献殷勤，陪她聊天，毫不吝啬地赞美她，大家以假作真地打心里认定她是位漂亮聪慧的姑娘。

结果怎么样呢？不到一年，这位姑娘出落得很好，她自信的表情、优雅的举止也同以前判若两人。她无限感慨地对人们说：大家的赞美使她获得了新生。

确实，她并没有变成另一个人，然而在她身上却展现出每一个人都蕴藏的潜质，这种美只有在我们自己相信自己，周围的所有人也都相信我们、爱护我们的时候才会展现出来。

那么究竟怎样才能发现自己的特长?

他人的夸奖。当然指的是真诚的评论，说明你在这方面起码比别人优。问问朋友自己的专长，也很有必要。别人是旁观者清，自己是当局者迷。

对某件事情乐此不疲，不管时间是否充裕等客观条件，总是喜欢去做，感觉就像在做游戏，而且较少存在挫折感。

自信而有把握。在做某件事时你发现自己特别自信，这就是你的特长的突出表现。

什么问题别人认为很难，自己解决起来却似乎比较容易。

发现自己的特长，其实并不是一件很容易的事情，尤其是这些特长表现得并不明显的时候。

有一则故事是这样的：兔子是历届小动物运动会的短跑冠军，这一点让它非常自信，可是它不会游泳。一次兔子被狼追到河边，差点被抓住。动物管理局为了小动物的全面发展，将小兔子送进游泳培训班，同班的还有小狗、小龟和小松鼠等。小狗、小龟很快就学会了游泳，认为自己又多了一种本领，心里很高兴：小兔子和小松鼠花了好长时间都没学会，很苦恼。从此兔子便被其他动物嘲笑，渐渐失去了自信。

很自然的，这则故事让我们想到一个人的教育和成长，到底是要全面发展，还是应该更好地发挥特长？对于这个话题，应该没有一个完全准确的答案。全面发展和发挥特长，都有道理，不同的教育方式也需因人而异，而特长和全面发展也是相对。就像以上故事中，同样不会游泳的小狗，经过全面发展的教育，学会了游泳这项本领，不能不说是一件好事。但对于实在学不好游泳的兔子，则不能强求全面发展，而应该更好地发展短跑的特长。

这个故事给我们的启示也远远不止这些。我所想到的是，一个人想要取得成功，首先应该在学习、工作的过程中，在生活的体验过程中发现自己的特长，并坚持不懈地朝着这个方向去发展。

大科学家爱因斯坦被认为是最聪明的人，在物理学上的重要发现影响了全世界。但他在上中学的时候，成绩并不突出，特别是语言能力和动手能力，被认为是一个“笨小孩”，只是一次偶然的机会，经过老师的引导和鼓励，他最终发现了自己在创造性思维方面的天赋。最终经过自己的努力在物理学领域取得了巨大的成就。

爱因斯坦的成功告诉我们，一个人发现自己特长并持之以恒地努力对于成功是何等重要。

另外，在一个人的成长经历中，特长也不是唯一和一成不变的，也可能会随着环境的变化而变化，这就要求我们不断地发现。

物理学家钱伟长先生年少时的特长是文学，他以优异的成绩考入清华大学文学系。但钱先生深感国家贫穷最主要的原因是科技落后，所以立志“科技救国”，转入物理系，开始投入物理学的学习，并最终在物理学领域为国家建设做出了重要贡献。这样的例子真可以说是不胜枚举，如鲁迅先生最初学医，后弃医从文，成为一代文学家。

由此可见，一个人所拥有的闪光点可以有很多方面，是随着生活的变化不断被发现的。

那么，当一个人发现并拥有了自己的特长，是不是就不用再继续努力了呢？答案显然是否定的。首先，即便是在自己有特长的领域，也是学无止境的，特长也应该不断发展提高，比如姚明的特长是篮球，但他仍然不断提高自己的篮球技术，适应更高水平的比赛。如果有了特长就作为一种本钱，不思进取，那么随着时代的发展和社会的进步，一个有特长的人也有可能失去特长而成为庸碌之辈。

有这样一位姑娘，她深深地热爱歌唱艺术，每每听到一首动听的歌曲，她都把自己关在屋子里，一遍又一遍地学唱，直到唱出了十足的韵味。她为了实现自己的理想，报考过音乐学院和许多艺术团体，但都没有被录取。

她绝望了，简直失去了生活的信心。当她准备把最后遗言留在日记本上的时候，却忽然发现过去写下的日记是那样的富有文采，竟连自己都被深深地吸引了。“再换一种生活方式试试吧！”她给自己的生命留下了选择的余地。直到她那一篇篇妙趣横生的小杂文见诸报刊并颇为引入注目的时候，她才相信，人生不是单行道。你的特长就是在实践活动中得到确认的。

“尺有所短，寸有所长”，每个人都有自己的闪光点。如果你能经营自己的长处，就会给生命增值；反之，如果你经营自己的短处，那会使你的人生贬值。

世界上的工作千万种，对人的素质要求各不相同，干不了这个可以干那个，总可以找到自己的发展天地。什么智商不高、经验缺乏、没有天赋，甚至身有残疾，都不是成才的障碍。只要你善于发掘自己的潜力，发挥自己的优势，经营自己的长处，就能找到适合自己发展的道路，创造美好的人生！

校园幽默

某日，在学校打开水，不小心水溅在了手上，背后一位MM拉着我的手关切地问："手没烫伤吧？"

尽管很疼但为了显示男子汉气概我硬是咬着牙说："没事，没事。"并装作若无其事的样子。

MM突然回过头对后面排队的同学说："都回去吧，今天的水又没烧开！"

有梦想就会有奇迹

人生因梦想而高飞，人性因梦想而伟大。从小，梦想就是我不断努力的目标，带着自己在人生辽阔的天空自由地飞翔。

小学时的梦想是：长大了当一名教师——拥有很多学生，教他们写字画画、教他们人生道理。

中学时的梦想是：长大了当一名导游——四处游览，了解世界各国风光、风土人情。

高中时的梦想是：长大了当一名律师——充分展示自己的口才，让一场场精彩辩护改变他人的命运。

大学时的梦想是：毕业后工作生活在北京，可以在闲暇时去国家大剧院看看话剧、欣赏音乐会，接受艺术熏陶！

随着年龄的增长，阅历的增加，梦想也在不断发生变化。尽管并不是每一阶段的梦想都能得以实现，但这些梦想却成为我人生前行的动力之源，努力拼搏的精神支柱。

有梦想的人是幸福的，有梦想的人生是充满希望的。愿每一个孩子在他们的童年、少年、成年都能够拥有自己的梦想，无论这个梦想是什么，这个梦想有多大，这个梦想是否能实现。有了梦想，你就拥有了前进的动力，就充满了热情和希望，就会努力追寻她，让自己的人生过得更有意义。因为有梦想才有希望，有梦想才有未来！

梦想如清风，在你迷茫时吹醒你昏沉的大脑，为你远航的船儿升起强劲的风帆；梦想似烈火，在你无助时给予你无限的温暖，将希望的烈火熊熊点燃；梦想是一把钥匙，用心把握，便可开启成功的大门；梦想是一盏明灯，用心点燃，便可照亮成功的大道；梦想是最忠诚的朋友，用心呵护，便可了解成功的奥秘。

某个小学的作文课上，老师给小朋友的作文题目是：我的梦想。学生们都在作文本上写下了自己的梦想，有时是当作家，有的是当一名救死扶伤的医生，有的是当潜心研究的科学家为国家做贡献……

有一位小朋友也非常喜欢这个题目，在他的簿子上，飞快地写下他的梦想：他希望将来自己能拥有一座占地十余公顷的庄园，在壮阔的土地上植满如茵的绿。庄园中有无数的小木屋、烤肉区及一座休闲旅馆。除了自己住在那儿外，还可以和前来参观的游客分享自己的庄园，有住处供他们歇息。

老师看过所有的作文后，觉得这位小朋友的梦想非常与众不同，便叫来这名学生，想听听他的想法。

老师告诉他：“我要你们写下自己的志愿，而不是如梦呓般的空想，梦想并不是虚无的幻想，有了人生梦想就一定要努力实现它。”小朋友坚定地说：“我很清楚，这才是我真正想要的，我一定会努力实现我梦想的内容。”老师看他一脸的认真，就赞许地拍了拍他的头说：

“好吧！我相信你会实现它！”

事隔三十年之后，这位老师带着一群学生到一处风景优美的度假胜地旅行，在尽情享受无边的绿草，舒适的住宿，及香味四溢的烤肉之余，他望见一名中年人向他走来，并自称曾是他的学生。这位中年人告诉他的老师，他一直没有放弃自己的梦想，如今他真的实现了儿时的梦想。

无论什么情况下，只要心中拥有梦想，便不会迷失方向，坚持自己的梦想，人生的目标便清晰可见。不敢做梦的人永远不会有出头之日。有了梦想的人生不寂寞，独处的时候，心便会穿越时空的海洋，翱翔在辽阔的天空，行走在蓝天白云间，途经的每一个风浪，遇到的每一个挫折，都不会阻止你前进的步伐。

通往成功的路上充满艰辛，是梦想在我们摔倒时叫我们赶快爬起来；是梦想在我们遇到风雨时告诉我们勇往直前；是梦想在我们失败时告诉我们永不言弃。梦想是黑暗中的火把，是黑夜里的星光，给我们光明，给我们希望。

一百多年前，一位穷苦的牧羊人带着两个幼小的儿子替别人放羊为生。

有一天，他们赶着羊来到一个山坡上，一群大雁鸣叫着从他们头顶飞过，并很快消失在远方。牧羊人的小儿子问父亲：“大雁要往哪里飞？”牧羊人说：“它们要去一个温暖的地方，在那里安家，度过寒冷的冬天。”大儿子眨着眼睛羡慕地说：“要是我也能像大雁那样飞起来就好了。”小儿子也说：“要是能做一只会飞的大雁该多好啊！”

牧羊人沉默了一会儿，然后对两个儿子说：“只要你们想，你们也能飞起来。”

两个儿子试了试，都没能飞起来，他们用怀疑的眼神看着父亲，牧羊人说："让我飞给你们看。"于是他张开双臂，但也没能飞起来。可是，牧羊人肯定地说："我因为年纪大了才飞不起来，你们还小，只要不断努力，将来就一定能飞起来，去想去的地方。"

两个儿子牢牢记住了父亲的话，并一直努力着，等他们长大——哥哥36岁，弟弟32岁时——他们果然飞起来了，因为他们发明了飞机。这两个人就是美国的莱特兄弟。

梦想，可以说是人生最大的财富。勇敢做梦的人，就是在自己的生命银行里，预先开了许多幸福的账户。唯有努力把梦想实现的人，才能在这些账户存满心灵的"基金"。一心想要实现梦想的人，任谁也挡不住他，除非，是他自己先放弃。一碰到阻碍梦想的石头就投降的人，永远无法实现梦想。在通往梦想的路上，总是会碰到阻碍行进的石头，你必须想办法将它搬开。闯关成功，梦想就会实现！

两个人跋涉在荒无人烟的大漠中，他们感到非常疲惫，而在翻越沙漠中的一座大山时他们不慎把随身携带的两壶水弄丢了一壶。在短暂的休息时，他们开始了下面的对话：

一个人说：完了，我们都得死了，我们只剩下一壶水，怎么可能走出缺水的沙漠？

而另一个人说：真是太好了！我们还有一壶水，只要我们有这壶水，就足够使我们到达目的地。

同样的一壶水，一个人看到的是失望、甚至绝望；而另一个看到的却是希望。

悲观者常把挫折和失败当作厄运；而乐观者常把不幸和困境当作起跳奋起的台阶，最终变成人生的财富。就好比穿行于乌云之间的太阳，悲观者只看见乌云，那是天空的眼泪；乐观者则看到乌云的金边，那是太阳即将露出笑脸的光辉。

在实现梦想的过程中，除非你自己，否则没有人能真正为难你。拥有梦想的人，会比没有梦想的人，更加坚强、更加勇敢、更加乐观、也更有力量。我们做每一件事情，都可能会碰到挫折。但一心为了实现梦想而努力的人，根本没有时间为挫折而难过悲伤。他们只会愈挫愈勇，从挫折中找到有益的经验、看到新的契机，增加实现梦想的力量。实现梦想的过程，看来虽然十分艰辛，但身处其中的人，总是能自得其乐。

一只小鹰在鹰妈妈出外觅食时不慎掉了出来，刚巧被鸡妈妈看到，便捡回去和一群小鸡放在一起喂养。

随着时光流逝，小鹰一天天长大了，也习惯了鸡的生活，并且鸡们也都把它看成是自己的同类，它也像它们一样出外寻食，从来没试过要飞向高空。

一天，在小鹰出外觅食时，忽然碰到鹰妈妈，鹰妈妈见到小鹰惊喜极了，对它说："小鹰，你怎么在这里，随我一起飞向高空吧！"

小鹰说："我不是小鹰，我是小鸡呀，我可不会飞，天那么高，怎么飞得上去呀？"

鹰妈妈对小鹰有些生气，但它还是大声地鼓励它说："小鹰，你不是小鸡，你是一只搏击蓝天的雄鹰呀！不信！咱们到悬崖边，我教你高飞。"

于是，小鹰将信将疑地随鹰妈妈来到悬崖边，紧张得浑身发抖。鹰妈妈耐心地说："孩子，不要怕。你看我怎么飞，学我的样，用力，用力。"小鹰战战兢兢，在鹰妈妈的带动下终于起飞……

其实每个人都是鹰，只不过有些人按鸡的方式或在鸡的环境下生活得久了，便不再相信自己的潜力。天上人间，区别不过是扇动一下翅膀而已。

请相信自己，相信自己原来也是一只鹰。

心若在，梦就在。用心灌溉，梦想之花终会开。

拥抱梦想，有了梦想的指引，你就能战胜自己，就会在梦想的指引下，不断前进，不断超越自己。对未来充满希望和信心，梦想就是我们心中的一座山，使我们总往高处爬。它使我们在任何一刻抬起头，都能看到自己还有新的希望。

谁说，你的梦想，不可能实现?

校园幽默

有一次下课打铃大家都要回家，下楼梯时一男生左脚踩到自己右脚，“啪”的以大字形的姿势摔在了路中央。他当时就想：不对，糗大了，得装晕。

结果旁边的同学看那男生一动不动，赶紧扶起他，然后左右开打狂扇耳光……

自信是成功的基石

苏格拉底曾说过："一个人能否有成就，只看他是否具有自尊心和自信心这两个条件。"

自信是成功的秘诀，参透了自信的真谛，就算已定的事实也有翻身的希望。自信是一种力量，一种潜在的、可贵的、强大的力量。有了它，就可以干出一番惊天动地的伟大事业来。

自信是做人的原则，一个人不可能事事顺利，不管遇到什么困难，历经多少失败，都要努力去战胜困难， 要像无所畏惧的苍松一样，傲然挺立在天地间。自信是拥有了一股敢于尝试的勇气，不管成败如何，都会坚持不懈。失败了，失败乃成功之母；成功了，更是为自己的人生添上了绚丽的色彩。

多年来在与学生的交往过程中，我发现有不少学生就是不够自信，有些甚至还有点自卑。他们总喜欢看别人的长处、别人的优点，总喜欢看自己的短处和弱点，还总喜欢拿自己的短处与别人的长处去比，结果越比越没有自信，越没自信就越自卑。常常不敢大胆地表现自己，课堂上回答问题声音小得跟蚊子叫一样，不敢与老师争辩不同的观点，不敢展示自己的特长。一旦成绩不理想就会选择自暴自弃，上课连头也不抬了。

1951年，英国女医生富兰克林从自己拍摄X射线衍射中发现了DNA双螺旋结构，经过研究，她大胆地提出了假设，并以此为题做了一次很出色的演讲，然而许多人对她的发现提出质疑，怀疑她的照片的真实性和假说的可靠性。在这些压力下，富兰克林也开始怀疑自己：作为一个普通医生，提出这样高深的理论问题，或许太不自量力了吧。她动摇了。于是，她公开否认了自己提出的假说，也没有再继续研究下去。后来1953年，其他科学家却证实了这个假说，不自信的富兰克林与成功失之交臂了。

我们在为富兰克林感到遗憾的同时也应该想到自己，自己是否也曾经因为不自信而失去了许多本应该成功的机会呢？

人生其实就是一场战斗的过程，时而平稳顺利，时而坎坷残酷，谁也不能卜知自己的命运。要想前进，要想成功，自信是必备的。人，只有相信自己的能力并为之不懈努力，才能实现自己的理想。

有时候，自信是一种很奇妙的东西。

有一个总觉得自己不讨男孩子喜欢，而且有点自卑的女孩子，偶然在商店里看到一只漂亮的发夹，当她戴起来的时候，店里好几个顾客都说好看极了，于是她非常兴奋地买下那个发夹，并赶往学校了。

接着奇妙的事就发生了——许多平日不太跟她打招呼的同学，纷纷来跟她接近；男孩子们也来约她出去玩；更有不少人表示，原本死板的她，似乎一下子变得活泼、开朗多了，非常惹人喜欢。

这个女孩心想："都是因为我戴了神奇的发夹吧。"随即她想到店里还有许多其他样式的发夹，应当也都买来试试，于是放学之后立刻跑回那个商店。岂知她才进店门，老板就笑嘻嘻地对她说："我就知道你会回来拿你遗失的发夹。早上当我发现它掉在地上时，你已经一溜烟地跑去上学了，所以我只好暂时为你保管。"

这时她才发现自己的头发上根本就没有发夹。

这个故事告诉我们：原来自信是一种气质，是一种由内而外所产生的助动力。

起初那女孩是因为戴上新买的发夹受到顾客的称赞而在内心形成了这样一种效应：原来自己戴上发夹还是很迷人的。在这样一种效应下，她的行为举止也自然而然地发生改变。她会微笑、抬头、挺胸、加快走路的速度，主动与人打招呼，说话时会正视对方的眼睛，在公众场合更加敢于发表自己的观点……

我们都知道"人无完人"的道理，既然如此，就不必老是只看到别人的优点而过分夸大自己的缺点。人的能力犹如一座巨大的宝藏，就看你能否开发利用得好。

同样两个努力工作的人，自信的人在工作时总会以一种更轻松的方式度过：很开心地接受任务，然后很好地完成了任务时，他会认为这是因为自己有实力，当遇到实在无法完成的任务时，则认为也许任务本身实在太难。而缺少自信的人则往往不敢接受任务，做的过程中则会把成功归功于好的运气，把失败看成是自己本领不到家。只是由于这小小的心理差异，虽然二人花的时间、精力都差不多，但往往较为自信的那一方的收获要大得多。

乔·吉拉德——世界吉斯尼汽车销售冠军，是世界上最伟大的销售员，他连续12年荣登世界吉斯尼记录大全世界销售第一的宝座，他所保持的世界汽车销售纪录：连续12年平均每天销售6辆车，至今无人能破。乔·吉拉德，因售出13000多辆汽车创造了商品销售最高纪录而被载入吉尼斯大全。他曾经连续15年成为世界上售出新汽车最多的人，其中6年平均每年售出汽车1300辆。

乔·吉拉德也是全球最受欢迎的演讲大师，曾为众多世界500强企业精英传授他的宝贵经验，来自世界各地数以百万的人们被他的演讲所感动，被他的事迹所激励。

35岁以前，乔·吉拉德是个全盘的失败者，他患有相当严重的口吃，换过40个工作仍一事无成，甚至曾经当过小偷，开过赌场。然而，谁能想象得到，像这样一个谁都不看好，而且是背了一身债务几乎走投无路的人，竟然能够在短短三年内爬上世界第一，并被吉尼斯世界纪录称为“世界上最伟大的推销员”。

他是怎样做到的呢？虚心学习、努力执着、注重服务与真诚分享是乔·吉拉德四个最重要的成功关键。

销售是需要智慧和策略的事业。但在我们看来，信心和执着最重要，因为按照预测推断没人会想到乔·吉拉德后来的辉煌！

由此可以推断，如果你的出身比乔吉拉德强，没有偷过东西，如果你不口吃，那你没有理由不成功，除非你对自己没有信心，除非你真的没有努力过，奋斗过！

同样，在我们的学习中，要对自己充满信心，但仅有自信也是不够的，自信应该与努力有机地结合起来。我们所说的自信是对自我能力的一种肯定，承认自己有能力才会去努力尝试。这和自负是有区别的。

我经常看到有两种同学在考试之际，都是没有一丝紧张，满怀自信地步入考场。但考试过后，一种同学成绩优异，而另一种同学却是羞于见人。这看似不可理喻的事情其实很简单：一种是既自信，又刻苦认真学习的；而另一种是单有自信，却未付出努力的。这两类同学看上去都是充满着信心去应试，但由于平时知识的积累不一样，所付出的努力不一样，后果就截然不同。

事实上，大凡成功人士，哪一位不是对自己所攻克的项目充满信心呢？一次又一次失败只会一次又一次激发起他们的斗志——他们认为：失败越多，距离成功也就越近了。但自信不是平白无故地就会附着在人身上的，首先人要有勇于拼搏的斗志，接着才会有真正意义上的自信，并把它作为一种极其有用的动力。空有满腹自信，那只说得上是自以为是罢了。这种所谓的“自信”，不但不能推动人前进，反而害人不浅。

许多犹豫、放弃、失败，都是源于不自信。自信是一个人成功的必备心理素质，然而自信也是可以后天培养的。这里老师为孩子们提供十个培养自信的有效方法，让你想不自信都难。

◆ 确定几件你认为目前最感兴趣的事情，然后专心去做。

◆ 对于某种不能改变的事实，那就全心全意地接受它。

◆ 不要说“我不行”，“无能为力”那只是懦夫的借口。

◆ 不要总是对现在的生活不满，不要总是和别人去攀比，做最好的自己。

◆ 人总有犯错误的时候，不要过于苛刻，知错改错才是最正确的。

◆ 人是可以改变的，若要改变现状，需先试着改变自己。

◆ 确信任何痛苦和逆境都是有意义的，并且尽量去找出它们的意义。

◆ 看人看事，先看到其美好的一面，对自己也一样。

◆ 抵制那些不良的情绪盘踞心头，像愤恨、忧伤、焦虑、内疚、自怜等等。

◆ 确定目标，坚持不懈。

自信不是孤芳自赏，也不是夜郎自大，更不是得意忘形、毫无根据地自以为是和盲目乐观。自信是激励自己奋发进取的一种心理素质，是以高昂的斗志、充沛的干劲，迎接生活挑战的一种乐观情绪，是战胜自己，告别自卑，摆脱烦恼的一种灵丹妙药。

自信，并非意味着不费吹灰之力就能收获成功，而是要在战略上藐视困难，战术上重视困难。要从大处着眼，小处着手，脚踏实地、锲而不舍地努力奋斗。扎扎实实地做好每一件事，战胜每一个困难；从一次次胜利和成功的喜悦中肯定自己；不断突破自卑的羁绊，从而创造生命的亮点，成就辉煌事业。

天空因白云而蔚蓝，生命因自信而精彩。同学们，让我们扬起自信的风帆，去创造美好的明天吧！

校园幽默

某一天早晨，李东终于鼓起了勇气，写了张纸条给心仪已久的女生：“小丽，我想和你做个朋友，如果你愿意，请将纸条传回，否则就请丢出窗外，让它随风而逝吧！”

没多久纸条竟然传回来了，李东忍不住心里“暗喜”：我还是很有魅力的嘛！嘻！他嘴角微扬，充满自信地打开纸条，一脸胜利者的姿态。一看傻眼了，纸条上写着：“对不起，窗户打不开！”

健康心理　健全人格

中学生是肩负建设祖国未来的新一代，面对激烈的国际国内各方面竞争，不仅要求他们具有较高的驾驭科学文化知识的能力，而且应具备良好的心理素质，以适应瞬息万变的形势和环境。

中学生处于青春发育期，是人生的第二次成长高峰。其生理、认知、情感、意志、自我意识在迅速发展，是人一生中发展最迅速、最旺盛、最关键的时期。但这一阶段也是学生最容易出问题的阶段。优良的品质、健康的心理和健全的人格，是中学生战胜挫折，走向成功人生的最关键因素。

世界卫生组织（WHO）对健康的定义是：健康不仅是没有躯体疾病，而且是生理的、心理的和社会的良好心态。从此可看出心理健康是健康的三要素之一，追求心理健康是现代文明的标志。认识自己恰恰是心理健康的重要内容，是追求健全人格的前提条件。

由于家长过分宠爱、责任心缺失、学习上的压力、社会不良因素的影响、网络的诱惑等原因，在我们的学生中间，心理不健康者也不乏其人，主要表现有：

◆ 敏感　处于青春期的青少年自我意识强烈，自尊的要求迫切，他们珍重自己的荣誉。因此，当他们意识到某种威胁自尊心的因素存在时，就会产生强烈的不安、焦虑和恐惧，当自尊心受到伤害时，就会生气、愤怒。常常神经过敏、多疑，常常把别人无意的话、不相干的动作当作对自己的轻视或嘲笑，为此而喜怒无常，情绪变化很大。

◆ 逆反　往往不能正确对待家长的一片苦心、老师的批评教育，对父母的管教和无微不至的关怀不满。对当别人的面揭他们的短相当反感，以至顶嘴，明知自己错了，也不承认。表现为你说东他说西，你说应该这样他说应该那样，以“顶嘴”“对着干”的反常心态显示自己的高明、非凡。

◆ 焦虑　有些中学生由于学习忙碌，学校管理严格，不能及时排解心中的烦恼和郁闷，便会产生焦虑症状。

一种是学习焦虑型，他们害怕考试、害怕学校、害怕老师、讨厌学习。学习焦虑在开始时是怕学习成绩不好受父母和老师批评，被同学瞧不起。如果真的学习成绩不好，受到了斥责、批评和歧视，便会产生学习焦虑和考试焦虑。

一种是对人焦虑。他们在众人面前感到不安，表现出退缩、提心吊胆、拘谨老实、不敢讲话等特点。对人焦虑大多是胆小不自信造成的，或者是经常一个人独处已经成为习惯。

某男生，在上小学时，学习成绩很好，又是一班之长。在学校的各种竞赛中经常获奖。后来考入我校读初中，他非常兴奋，并对自己充满了信心。他想通过自己的勤奋和努力，取得比小学时更优异的成绩。

但第一次模拟考试，就让他大失所望。在极度的痛苦之后，他又振作起来，更加勤奋和刻苦，然而期末考试的成绩仍不理想。于是他开始怀疑自己，害怕考试，常常认为别人比自己强得多。他甚至怀疑自己是不是有些智障。每次考试之前，他都会垂头丧气，精神紧张，并伴有呕吐、恶心、小便频繁，睡不好觉等症状。

◆ 嫉妒　是对他人的优势地位心中产生不愉快的情感。当别人比自己强时(如学习、相貌、人缘等)，表现出不悦、自惭、怨恨、 愤怒甚至带有破坏性的负面感情。

◆ 幻想　中学生大都抱有许多的幻想，希望将其变为现实，他们会付出种种努力甚至刻意追求。多表现在学习、愿望、情感等方面，当这种需求持续得不到满足或部分满足，就产生了挫折。挫折和逆境容易给青少年带来紧张、恐惧、忧郁和失望。

◆ 自卑　主要表现为对自己缺乏信心，感到在各方面都不如他人，有低人一等的感觉。谨小慎微，行为畏缩，瞻前顾后，心理承受能力脆弱。自卑的学生大多性格内向，自尊心异常强烈，对别人的评价敏感。对自己的知识、能力、才华等做出过低的估价，进而否定自我。

◆ 孤独　有些中学生常常觉得自己是茫茫大海上的一叶孤舟，性格孤僻，不苟言笑，独来独往，不愿与人交流，却抱怨别人不理解自己，不接纳自己。心理学中把这种心理状态称为闭锁心理，由此产生的一种感到与世隔绝，孤独寂寞的情绪体验称为孤独感。儿时生活环境，如父母离异，缺乏交流会导致孤独的性格。

我所带的学生当中就有这样的一名同学，她是一个比较听话的孩子。由于一时出于好奇偷了同学的一部手机，之后受到老师的批评和父母亲的责骂，她认识到了错误并进行改正。但在此事件后，同班的同学经常以此事开玩笑令她非常难堪。小宋的母亲也揪住此事不放，一旦该同学稍有不对，就拿这件事来数落她，小宋害怕母亲，但她从不敢反抗顶撞，因为她从小就是个胆小乖巧的孩子，她不想妈妈让伤心。于是，她不再和同学们玩耍，老觉得同学们会嘲笑她，学习上也失去了信心，本来就不好的学习成绩更差了。她也很害怕回家，还觉得父母亲并不爱她，她对这个家充满了厌倦，认为自己是这个家庭中多余的一员。从此，她心里便有了心理障碍，变得胆小、谨慎、自卑，怯懦，常常一个人发呆。

◆ 自负　自傲者喜欢过高地估计自己，在交往中表现为妄自尊大、自吹自擂、盛气凌人、唯我独尊，甚至发展到天下无我不能、唯我是能的程度。趾高气扬，不可一世，而且不愿和自认为不如自己的人交往。对老师的批评教育不服气，甚至与老师叫板。这类学生心理承受能力往往更差，一旦受挫，会感觉“没面子”，变得较为自卑。

有一名男同学，学习成绩比较优秀，但就是个性太强，有些自以为是，老觉得自己学习好是因为天资聪明，与老师的教学没什么关系，课堂上常常吊儿郎当，偶尔耍点小聪明来引起他人注意。渐渐地，老师们以前因为他学习好而对他的喜欢之情越来越谈，继而对他的这种表现愈加反感。一次在化学老师的课堂上由于化学老师当着大家的面批评了他，他竟然抄起凳子要打老师，被其他同学拦住。

此事过后，他仍然我行我素，在同学中间摆出老大的架子，最后因为替别人“伸张正义”受到学校的严肃处理。

◆ 狭隘　有些学生很难听进逆耳之声，尤其是对来自老师及同学的批评性意见，更是难以容忍，时时刻刻如好斗的公鸡，对同学们的批评

是出口就骂，动手就打，对老师的批评轻则横眉冷对，一声不吭，做出一副得意扬扬、你奈我如何之态，重则事后记仇，伺机报复。眼里揉不进沙子，受不得半点委曲，缺乏博大胸怀。

◆ 麻木　此类同学庸庸碌碌，随波逐流，随遇而安。表现平平无所谓，上课迟到无所谓，纪律处分无所谓，成绩下滑无所谓，他的口头禅就是“无所谓！”

◆ 残酷与自私心理　少数学生存在这种严重的心理疾病，以戏弄别人、暴露、嘲弄和编造别人的流言为快事。把自己的欢乐建立在别人的痛苦之上，显得极为自私。任其发展就会做出一些极端残酷的事情来。

2013年9月14日，江西抚州临川二中发生一起命案。该校高三学生雷某因不满班主任孙某的严格管理竟然用水果刀刺死了自己的老师。事情的经过是这样的：在孙老师的化学课上，学生雷某一直在玩手机，被老师叫到办公室谈话。此前头一天上课时，雷某上课看课外书时老师曾没收了他的两本书。孙老师说：“你上课不认真听讲，再这样的话，我就要你叫家长来。”这时，雷某掏出早已准备好的水果刀，朝孙老师身上一顿乱刺。就在雷某连刺老师数刀后准备“夺门而逃”时，他又转身朝孙老师一“飞刀”，刀刺在老师的背部。霎时，孙老师倒在血泊之中，头、手、肩、背部和锁骨等处刀伤达17处。

据了解，江西抚州临川二中是一所历史悠久、管理严格的省级示范性中学。今年30多岁的孙老师是该校一名非常优秀的化学老师。行凶的该名同学在班上学习成绩中等，家教不严，性格比较内向、孤僻，平时也很少与同学来往，几乎没有什么朋友。

教育事关民族的未来，国运的兴衰。古人云，一日为师，终身为父。当一个学生拿起屠刀举向自己的老师时，我们除了震惊该生心灵的严重扭曲之外，还应该思考点什么呢？

教育家陶行知曾经说过：“先生不应该专教书，他的责任是教人做人；学生不应该专读书，他的责任是学习人生之道。”无论是学校教育，还是家庭教育、社会教育，都应当纠正“英雄只问成绩”的错误倾向，把如何做一个身心健康的人放在首位，让教育回归求真育人的本真。

上述心理问题在我们现在的中学生当中有很多。不健康的心理，会导致心理问题或心理疾病，严重的会影响一个人的性格和人格的塑造，造成严重的社会问题。我们不能回避这个现象，必须对这一时期的少男少女的不健康心理有充分的认识，对症下药，才能使他们拥有健康心理，塑造健全人格。

心理氛围的创设是心理健康教育实施的起点，是激活或唤醒学生心理活动的“起搏器”，也是促使学生积极行动的外在因素。创设一个宽松、和谐、民主的学习氛围，能让学生在健康的环境中得到发展。

● 树立正确的人生态度

正确的人生态度来源于正确的认识、正确的世界观。抱有正确人生态度的人，对周围的事物有较为清醒的认识和判断，既有远大的理想，又有实事求是的精神，因而在社会变革时期能够跟上时代的步伐，头脑清楚，眼界开阔，立场坚定，即不保守，也不冒进……总之，正确的人生态度能使我们在分析问题，处理问题时比较客观、稳妥，与时代共同进步，心态始终保持健康水平。

● 适时调整自己的情绪

人与动物的区别就在于人有理智，能控制自己的情绪。健康心理必须有自我控制能力，有适度的情绪，不过悲、过喜、过忧、过怒。要用积极情绪战胜消极情绪，不使消极情绪、过激情绪保持较长的时间。要始终保持热情饱满、乐观向上的情绪，排斥低下猥琐、沮丧悲观的情绪，更不能反复无常。

● **创建团结友爱的班集体**

在班里开展互帮互学、互助互爱的活动，让学生之间相互深入了解、相互信任，建立平等友爱的同学关系。对有困难、有缺点的学生，用平等真诚的态度给予帮助，使他们在学校里心情愉快、精神放松，以增强其信心，激发其求知欲，使其勇敢面对困难挫折，对他人能理解、尊重、宽容，让每位学生都能合群。

● **建立和谐的人际关系**

愉快地与老师、同学、亲人及周围的人交往，建立友好关系。乐于交往的人往往能在相互交往中得到尊重、信任和友爱。这是因为他们以同样的态度对待别人，因而减少了很多不必要的矛盾。与人为善的人能够与大家互相理解，彼此感情融洽，协调一致，相互配合默契。人际关系和谐，心情当然就比较舒畅，心理会处于健康状态。

一个人的心理是否健康会影响到人格是否健全。一个人的人格会影响自身的行为和认知，当人格不健全时，他的行为和认知会出现偏差，如果这种情况严重的话会出现错误的行为，这就不仅影响到他自身的生活也可能影响到他人的生活。我觉得有一个健全的人格不仅是自身的一种幸福，也能给周围的人带来欢乐。所以说健康的心理和健全的人格对自身的成长和发展有着深远的影响。

在此，老师希望每个同学都拥有一个健康的心理和健全的人格，并以此展开你们美丽的人生吧！

校园幽默

我班里有个同学叫郑月，字写得特丑，有一次老师发作业，叫了好几次“关阴”都没人答应。我们还纳闷了班里怎么会有个叫“观音”的呢？从此以后他的名字就被叫成“观音”了。

社会篇

同学们，伴随着成长的脚步，我们迈入了人生的黄金时代——青少年时代，人生的梦想从此扬帆起航。这个时代，每个人都怀揣着五彩缤纷的梦，时不我待，我们不能让自己永远沉浸在梦幻中，我们需要在这个新的起点确立正确的方向，沿着这个方向矢志不渝地追求，方能到达理想的彼岸！

也许我们在人生旅途中会有彷徨，甚至短暂的迷失，但暂时的曲折怎能阻抑我们蓬勃的少年激情。我们当有驾起一叶扁舟独闯大海的勇气与雄心，没有什么可以影响我们的前进方向，也没有什么可以阻碍我们向前的脚步！也许我们有或这或那、多多少少的不完美，但我们决不能缺少人性固有的光辉——文明礼貌，诚信做人，懂得感恩，与人为善，珍爱生命，奉献社会……

在家里，我们是父母的小帮手；在学校，我们是知识的收割机；在社会，我们是文明的代言人。因为年轻，我们要敢于承担；因为年轻，我们要勇于面对！因为年轻，我们要做一个让人人都羡慕的时代娇儿！

文明彰显素养

文明礼貌，是公民社会生活的一条重要道德规范，是人与人在社会交往中所必须遵循的言语行为准则。它主要表现在待人谦恭和气，谈吐文明有礼，举止端庄大方等方面。圣人孔子就曾经说过："不学礼，无以立"，可见一个人的文明礼貌反映着一个人的精神面貌、文化涵养和文化素质，是一个人心灵美、语言美和行为美的和谐统一，也是一个人安身立命的基本条件。

然而，在我们这个拥有五千年文明史的泱泱大国，经济条件越来越好，文明习惯却离我们越来越远。在我们的生活中，处处可见不文明、不礼貌的行为；时时可闻不文明、不礼貌的言语，让观者汗颜，闻者脸臊。

十一黄金周的第二天，新疆乌鲁木齐市南山旅游景区出现80多名韩国游客集体捡垃圾的场面，其中包括30多名儿童。这些远道而来的客人在游览途中看到景区垃圾遍地，便自发地组织起来清理垃圾，短短20分钟，方圆近1公里的垃圾被清理得干干净净。在驱车将5个装满垃圾的纸箱送至垃圾站后，韩国游客才安心地继续游玩。参加集体捡垃圾的韩国游客柳仁圭说："野外应该是一片净土，但令人惊讶的是，这么漂亮的地方却有很多垃圾。"

外国人到我们这儿来捡垃圾的事儿并非头一遭：在咱们的城市街头、园林景区以及长城上，都留下过外国人捡拾垃圾的身影。他们或是一人或是数人乃至数十人，为我们的环境保护充当"义工"。而我们国人乱扔垃圾，却成了自然。美丽的旅游景点黄金周过后就变成了垃圾场。因此即便到外地旅游，也照样与陋习一路同行。

不久前，我曾看到这样一则报道：

新加坡是一个通用英语的国家，这个国家公共场所的各种标语大多是用英语书写。但其中的一些文明礼貌的标语，如"不准随地吐痰""禁止吸烟""不准进入草坪"等却用中文书写。中国游客不解，就问导游这是为什么？人家回答："因为有这些不文明行为的大多数是中国游客。"

为此，到新加坡考察的一位中学校长语重心长地说："不文明行为也是国耻啊！"

类似这样的报道已不是独家新闻了，相信大家都有所耳闻。可见，我们的不文明行为已经影响到我国的国际形象了。在国内，不文明行为国人已经司空见惯，见怪不怪了。十一长假后电视播出的游客的一幕幕不文明行为让我们气愤的同时，也应该思考一下，不能光挑别人的不文明行为，咱就从自个儿做起吧。

随着人口的逐渐增多，公共交通工具已满足不了所有乘客的需求。拥堵的公共交通工具，使"让座"也日渐成为人们所关注的社会焦点。

当我们乘坐公交车，总会首先看到那些特殊颜色的老弱病残孕专座。地铁上总会听到“请把座位让给有需要的人”的广播。那么，这些椅子到底能否发挥到它们应有的作用？我们来看几个“让座”的小故事：

在石家庄环一路公交车上，一位老人因一位女孩没给其让座，愤怒之下直接坐在了女孩的腿上。

首都北京市5号线上一孕妇上车，车内拥挤，竟无一人让座。

一位六旬老大妈因为旁边的女孩没有为其让座，和女孩对骂得不可开交。

同样在北京地铁5号线，一位年近70的老爷爷上车，一名看杂志的小学生主动用杂志碰碰老爷爷，让他坐自己的位置。

看完这些，我们可以初步判断，这些特殊颜色的椅子，那些让座的宣传，并没有起到预期的效果。“给老弱病残孕让座”是一个简单的道理，然而背后却隐藏着众多的社会问题。

围绕“让座”问题，社会上出现了许多争论，焦点大致有这样几种：

“我虽然是个年轻人，我已经很累了，我走了很多的路，我都快站不住了，我需要座位。我为什么要给老年人让座？为什么不让其他的人让座呢？”

“我是老年人，不管我身体好不好，你就得给我让座，不管你累不累！”

“我虽然是个老年人，但我身子骨很好，我年轻得很，我不需要你们的座位。”

“让座是美德，不是义务，我们没必要让座。”

《三字经》曾经告诉我们“人之初，性本善”。“让座”行为是“帮助他人”的基本表现之一，也毫无异义地归属于“善行”的范畴。

西方社会，人们常常用行善来洗涤自己的灵魂。当行善转化成一种社会风气，每个人都会在这种风气的熏陶下自发地去执行。

在美国的公交车上，车门总会自动开启一个斜坡，帮助坐轮椅的老年人上下车。开车的人也常常是老年人，于是乘客们总会看到这样的一幕，一个司机老人在帮助另外一个坐轮椅的老人上下车，帮他系安全带，然后面带微笑慢悠悠回到自己的座位上继续开车。帮助他人已成为了一种社会共识，人们一般也都会渐渐地适应这种共识，整个社会也做到了真真正正的"以人为本"。

当然，无论是中国还是其他国家，文明礼貌始终是彰显一个人素养的外在表现，也始终是彰显一个国家整体形象的基本要求。同学们，我们正处于人生最关键的成长时期，我们在这个时期的所作所为，将会潜移默化影响我们的一生，将会塑造我们的性格和品质，将会决定我们是否会成为一个受人尊敬的人。我们应该选择文明、有礼、谦让、祥和作为我们一生成长的标准，锤炼自身素养，净化美好心灵，做一个堂堂正正的人，一个懂文明、有礼貌的谦谦君子，一个"德才至善，和谐发展"的人。

南开中学前校长张伯苓先生曾对南开学子提出了一个标准："面必净，发必理，衣必整，钮必结，头容正，肩容平，胸容宽，背容直；气象：勿傲、勿暴、勿怠；颜色：宜和、宜静、宜庄。"

这句格言不仅是南开校训，更应成为当代中学生形象和气质的标准。

社会的全面进步不仅体现在物质的充足、技术的先进上，更需要陶冶完美的精神、高尚的人格。促进全社会成员健康人格的构建，需要重建礼仪，让人们心灵相通，友好相处，在和谐的社会生活中获得精神上的愉悦、心灵上的满足。这就需要我们在弘扬中华民族优秀的传统礼仪基础上，重建新的、体现时代要求的文明礼仪，让中国在成为经济强国的同时，也成为新世纪的“礼仪之邦”！

如果你失去了今天，你不算失败，因为你还有明天；如果你失去了金钱，你也不算失败，因为你还有机会赚回来；如果你失去了文明，你将彻彻底底失败，因为你失去了做人的真谛！

作为新时代的中学生，我们应共同努力，让上述不文明现象越来越少。要养成文明礼貌的习惯，自觉维护社会公德，主动践行文明，做一个文明的中国人。

校园幽默

数学课上，老师在黑板上写了满满一黑板的题目，准备叫同学上来解答，我同桌在打瞌睡，我推搡了一下他，说：“哎，老师叫你擦黑板！”只见这哥们一溜烟奔向讲台，拿起黑板刷就是一阵忙活，5秒钟内教室里鸦雀无声，然后就是一片哗然……

诚信做人是根本

诚信是一个道德范畴，是公民的第二个“身份证”，是日常行为的诚实和与人交流的信用的合称。即待人处事真诚、老实、讲信誉，言必信、行必果。

诚信是一种人人必备的优良品格，一个人讲诚信，就代表了他是一个讲文明的人。讲诚信的人，处处受欢迎；不讲诚信的人，人们会避开他。所以，我们每个人都要讲诚信。诚信是为人之道，是立身处事之本。

一艘货轮在烟波浩渺的大西洋上行驶。一个在船尾搞勤杂的黑人小孩不慎掉进了波涛滚滚的大西洋。孩子大喊救命，无奈风大浪急，船上的人谁都没有听见，他眼睁睁地看着货轮托着浪花越来越远……

求生的本能使孩子在冰冷的水里拼命地游，他用全身的力气挥动着瘦小的双臂，努力使头伸出水面，睁大眼睛盯着轮船远去的方向。

船越来越远，船身越来越小，到后来，什么都看不见了，只剩下一望无际的汪洋。孩子力气也快用完了，实在游不动了，他觉得自己要沉下去了。放弃吧，他对自己说。这时候，他想起了老船长那张慈祥的脸和友善的眼神。不，船长知道我掉进海里后，一定会来救我的！想到这里，孩子鼓足勇气，用生命的最后力量又朝前游去……

船长终于发现那黑人孩子失踪了，当他断定孩子是掉进海里后，下令返航，回去找。这时，有人说："为了一个黑奴孩子，值得吗？"船长大喝一声："住嘴！"

终于，在那孩子就要沉下去的最后一刻，船长赶到了，救起了孩子。

当孩子苏醒过来之后，跪在地上感谢船长的救命之恩时，船长扶起孩子问："孩子，你怎么能坚持这么长时间？"

孩子回答："我知道你会来救我的，一定会的！"

"你怎么知道我一定会来救你的？"

"因为我知道您是那样的人！"

听到这里，白发苍苍的船长扑通一声跪在黑人孩子面前，泪流满面："孩子，不是我救了你，而是你救了我啊！我为我在那一刻的犹豫而耻辱……"

一个人能被他人相信也是一种幸福。他人在绝望时能想起你，信任你，更是一种骄傲和满足。

诚信是一个即古老又现实的话题，说它古老，是因为在几千年前，诚信就为人们所关注，许多名人名言名典中无不涉及，如《广雅·释诂》中有言："信，诚也"，即是说，信就是诚，诚就是信。诚信为人之本，是我们生活中前进的指路灯、奠基石。

诚信是社会的一个基本道德观念。人是一种社会动物，总要与他人交往，心有诚意，口则必有信语，身则必有慎行。一个人诚信与否是用行为和时间来检验的。一个人能够长期地坚持以诚信待人处世，就会形成诚信的人格。具有诚信的人，就会赢得人们的普遍信赖。

18世纪英国的一位有钱绅士，一天深夜，走在回家的路上，被一个蓬头垢面、衣衫褴褛的小男孩儿拦住了。“先生，请您买一包火柴吧。”小男孩儿说道。“我不买。”绅士回答，说着绅士躲开男孩儿继续走。“先生，请您买一包吧，我今天还什么东西也没有吃呢。”小男孩追上来说。绅士看到躲不开男孩儿，便说：“可是我没有零钱呀。”“先生，您先拿上火柴，我去给您换零钱。”说完小男孩儿拿着绅士给的一个英镑快步跑走了，绅士等了很久，小男孩儿仍然没有回来，绅士无奈地回家了。

第二天，绅士正在自己的办公室工作，仆人说来了一个男孩儿要求面见绅士。于是，男孩儿被叫了进来，这个男孩儿比卖火柴的男孩儿矮了一些，穿得更破烂。“先生，对不起了，我的哥哥让我给您把零钱送来了。”“你的哥哥呢？”绅士问道。“我的哥哥在换完零钱回来找你的路上，被马车撞成了重伤，在家躺着呢。”绅士深深地被小男孩儿的诚信所感动。“走！我们去看你的哥哥！”绅士去了男孩儿的家一看，家里只有他们的继母在照顾受到重伤的男孩儿。一见绅士，男孩儿连忙说：“对不起，我没有给您按时把零钱送回去，失信了！”绅士却被男孩的诚信深深打动了。当他了解到两个孩子的亲父母都已双亡时，依然决定把他们生活所需要的一切都承担起来……

也许诚信有时候需要付出代价，甚至是生命。但只要有了诚信，我们的生活便多了一份感动，多了一份责任，多了一份幸福。

诚信不仅是一种品行，更是一种责任；不仅是一种道义，更是一种准则；不仅是一种声誉，更是一种资源。诚信为人之本，就个人而言，诚信是高尚的人格力量；就企业而言，诚信是宝贵的无形资产；就社会而言，诚信是正常的生活秩序；就国家而言，诚信是良好的国际形象。

西周末年，周幽王有个宠妃叫褒姒，为博取她的一笑，周幽王下令在都城附近20多座烽火台上点起烽火——烽火是边关报警的信号，只有在外敌入侵需召诸侯来救援的时候才能点燃。结果诸侯们见到烽火，率领兵将匆匆赶到，弄明白这是君王为博妻一笑的花招后又愤然离去。褒姒看到平日威仪赫赫的诸侯们手足无措的样子，终于开心一笑。五年后，西夷太戎大举攻周，幽王烽火再燃而诸侯未到——谁也不愿再上第二次当了。结果幽王被逼自刎而褒姒也被俘虏。

常言道，君子一言，驷马难追。一个君王无信，如幼童般戏玩“狼来了”的游戏，结果自取其辱，身死国亡，贻笑千古，这是多么可悲的事情啊！可见，诚信不仅对个人而言“一诺千金”，而且对一个国家的兴亡都起着非常重要的作用。

孔子说：“始吾于人也，听其言而信其行，今吾于人也，听其言而观其行。”诚信的人总觉得人人说的都是实话，不诚实的人总觉得别人都不说实话。人与人之间彼此以诚信相待，不因偶然事件而动摇，不因小事而计较，不因时光流逝而褪色，才算是真正的诚信。

诚信是中华民族的传统美德。几千年来“徙木为信”“一诺千金”“一言九鼎”的佳话广为流传。中华民族本质上是一个诚实守信的民族。诚信就中国传统文化来理解，诚，即真诚、诚实；信，即守承诺、讲信用。诚信就是守诺、践约、无欺，也就是说：说老实话、办老实事、做老实人，这是从伦理道德的角度对讲诚信的最好解释。

诚信是为人之本，是社会的一种基本的道德观念，是时代发展的需求，是市场经济发展的必要条件，是我们人生路上的奠基石，是我们伟大民族物质文明和精神文明建设的基础。

校园幽默

有个女生的家离学校很近，一天晚自习，这女学生来晚了，众目睽睽之下缓缓走进教室，班主任气愤地指着窗外对她说："在这就能看见你家，你还来晚！"此女淡定回道："在这还能看见月亮呢……"

勇敢面对挫折

一个失意的年轻人向一位哲人请教成功的秘密。哲人递给他一颗花生说："用力捏捏它。"年轻人用力一捏，花生的壳便碎了，剩下了花生仁。然后哲人教他再搓搓它，结果，红色的皮也被搓掉了，只剩下了白白的果实。

哲人再教他用力捏捏，年轻人迷惑不解，但还是照着做了。可是，不论他如何用力，却怎么也捏不碎这颗花生仁。哲人同样教他搓搓它，结果仍是徒劳无功。

最后，哲人语重心长地告诫年轻人："虽然屡受打击与磨难，失去了很多东西，但始终都要拥有一颗坚强不屈的心，这样才会有美梦成真的希望啊！"

通过这则故事，我想告诉大家的是：没有谁一生都是一帆风顺的，人都会在人生的道路上遇到大大小小的挫折。而正是这些大大小小的挫折谱就了人生那道平凡而又动听的歌。

然而，并不是所有的人都能正确面对挫折。有一些同学一时间失意了，受到挫折了，甚至几次成绩考得不理想就心灰意冷，破罐子破摔。有的同学一旦遇到困难就会怨天尤人，却很少想过是否给自己打造了一颗坚强不屈的心。如果，一个人连一颗面对磨砺和困难的心都没有，那么，还有谁会赋予你成功的希望呢？今后的人生道路又将如何走下去？

汉朝时，少年时的匡衡，非常勤奋好学。由于家里很穷，所以他白天必须干许多活，挣钱糊口。只有晚上，他才能坐下来安心读书。不过，他又买不起蜡烛，天一黑，就无法看书了。匡衡心疼这浪费的时间，内心非常痛苦。他的邻居家里很富有，一到晚上好几间屋子都点起蜡烛，把屋子照得通亮。匡衡有一天鼓起勇气，对邻居说：“我晚上想读书，可买不起蜡烛，能否借用你们家的一寸之地呢？”邻居一向瞧不起比他们家穷的人，就恶毒地挖苦说：“既然穷得买不起蜡烛，还读什么书呢！”匡衡听后非常气愤，不过他更下定决心，一定要把书读好。

匡衡回到家中，悄悄地在墙上凿了个小洞，邻居家的烛光就从这洞中透过来了。他借着这微弱的光线，如饥似渴地读起书来，渐渐地把家中的书全都读完了。

匡衡读完这些书，深感自己所掌握的知识是远远不够的，他想继续看多一些书的愿望更加迫切了。附近有个大户人家，有很多藏书。一天，匡衡卷着铺盖出现在大户人家门前。他对主人说：“请您收留我，我给您家里白干活不要报酬。只是让我阅读您家的全部书籍就可以了。”主人被他的精神所感动，答应了他借书的要求。

匡衡就是这样勤奋学习的，后来他做了汉元帝的丞相，成为西汉时期有名的学者。

匡衡的故事告诉我们，生活不可能是一帆风顺的，每个人在成长的道路上都会或多或少、或这或那遇到各种各样的困难与挫折，有顺就有逆，有甜就有苦。“自古雄才多磨难，从来纨绔少伟男”，一个从小经过逆境磨难的人，成年后就能更有效地适应环境。要知道，在大海上航行的船没有不带伤的。

英国劳埃德保险公司曾从拍卖市场买下一艘船，这艘船1894年下水，在大西洋上曾138次遭遇冰山，116次触礁，13次起火，207次被风暴扭断桅杆，然而它从没有沉没过。

劳埃德保险公司基于它不可思议的经历及在保费方面给带来的可观收益，最后决定把它从荷兰买回来捐给国家。现在这艘船就停泊在英国萨伦港的国家船舶博物馆里。

不过，使这艘船名扬天下的却是一名来此观光的律师。当时，他刚打输了一场官司，委托人也于不久前自杀了。尽管这不是他的第一次失败辩护，也不是他遇到的第一例自杀事件，然而，每当遇到这样的事情，他总有一种负罪感。他不知该怎样安慰这些在生意场上遭受了不幸的人。

当他在萨伦船舶博物馆看到这艘船时，忽然有一种想法，为什么不让他们来参观参观这艘船呢？于是，他就把这艘船的历史抄下来和这艘船的照片一起挂在他的律师事务所里，每当商界的委托人请他辩护，无论输赢，他都建议他们去看看这艘船。它使我们知道：在大海上航行的船没有不带伤的。

虽然屡遭挫折，却能够坚强地百折不挠地挺住，这就是成功的秘密。

无数历史的事实和社会的实践证明：挫折几乎伴随着人生命的全部过程。

生下来就一贫如洗的林肯，终其一生都在面对挫败，八次竞选落败，两次经商失败，甚至还精神崩溃过一次。好多次，他本可以放弃，但他并没有如此，也正因为他没有放弃，才成为美国历史上最伟大的总统之一。以下是林肯进驻白宫前的简历：

1816年，家人被赶出了居住的地方，他必须工作以抚养他们。

1818年，母亲去世。

1831年，经商失败。

1832年，竞选州议员，但落选了！

1832年，工作也丢了，想就读法学院，但进不去。

1833年，向朋友借钱经商，但年底就破产了，接下来他花了16年，才把债还清。

1834年，再次竞选州议员，赢了！

1835年，订婚后即将结婚时，未婚妻却死了，因此他的心也碎了！

1836年，精神完全崩溃，卧病在床六个月。

1838年，争取成为州议员的发言人，没有成功。

1840年，争取成为被选举人，失败了！

1843年，参加国会大选，落选了！

1846年，再次参加国会大选，这次当选了！前往华盛顿特区，表现可圈可点。

1848年，寻求国会议员连任，失败了！

1849年，想在自己的州内担任土地局长的工作，被拒绝了！

1854年，竞选美国参议员，落选了！

1856年，在共和党的全国代表大会上争取副总统的提名，得票不到100张。

1858年，再度竞选美国参议员，再度落败。

1860年，当选美国总统。

挫折就像埋伏在人生旅途中的顽皮鬼，于不经意间绊你一个或大或小的跟头，使你陷入人生灰色的圈子从而倍感焦虑，甚至失意彷徨，难以自拔。问题关键不在于你是否会遇到挫折，关键是当你遇到挫折如何面对？拿破仑曾说过这样一句话：最困难之时，就是离成功不远之日。成功是经过多次磨炼而成的，所以我们应该好好珍惜。遇到挫折，我们只要相信了自己，才会有勇气去迎接挑战，才不会在困难和挫折面前打退堂鼓。学会面对挫折，也是生命的一种馈赠，因为人们真正的奋起，往往起于挫折之后。

生活中面对困难和挫折，怎样才能坚强呢？

◆ 发泄　心中有痛苦要及时排解，可以选择多种方法发泄如找朋友倾诉、唱歌、旅游。

◆ 信念　坚信自己的信念，回答自己：自己的生存的精神支柱是什么。相信自己的能力，相信自己一定会战胜困难。

◆ 责任　看到自己的责任，知道自己被需要。

◆ 坚强　看看自然界的事物，不管在怎样恶劣的困境，都会顽强地生存（例如小草，怎样践踏，就算是只有一片叶子，都会向世界露出笑脸），对任何挫折都不要报以负面情绪反应，不要想自己的委屈，要激活正面的积极的情绪，顺其自然。

◆ 乐观　困难是一个良好的锤炼、磨砺和洗礼自己的机会。没有不可逾越的鸿沟，没有不可攀越的高峰，要以乐观、自信、坚韧、坦然的心态去竭力拼搏。

◆ 阅读　用一些励志的成功人士的事迹来激励自己。

校园幽默

同桌看见心仪的女生微笑着向他走来，心中狂喜，该女生拍了拍他的肩，弯下腰，温柔地撩开他耳边的碎发，轻声说了句：“老师叫你过去一趟哦。”

善良是人性的光辉

善良的、忠心的、心里充满着爱的人不断地给人间带来幸福。

——马克·吐温

人世间最宝贵的是什么？法国作家雨果说得好：“善良是历史中稀有的珍珠，善良的人几乎优于伟大的人。”提到善良，人们不约而同地会想到：与人为善、乐善好施……“善”与“和”一样，可以视为是中华文化的浓缩。我国的传统文化历来追求“善”：待人处事，强调心存善良、向善之美；与人交往，讲究与人为善、乐善好施；对己要求，主张善心常驻。记得一位名人说过，对众人而言，唯一的权力是法律；对个人而言，唯一的权力是善良。“善”具有普世的价值，是生命的黄金。

在国外流传着这样两则故事：

一则是说，一场暴风雨过后，成千上万条鱼被卷到一个海滩上，一个小男孩每捡到一条便送到大海里，他不厌其烦地捡着。一位恰好路过的老人对他说："你一天也捡不了几条。"小男孩一边捡着一边说道："起码我捡到的鱼，它们得到了新的生命。"一时间，老人为之语塞。

另一则故事是发生在巴西丛林里，一位猎人在射杀一只豹子时，竟看到这只豹子拖着流出肠子的身躯，爬了半个小时，来到两只幼豹面前，喂了最后一口奶后倒了下来。看到这一幕，这位猎人流着悔恨的眼泪折断了猎枪。

如果说前一个故事讲的是孩子善良的本性，那后一个故事中猎人的良心发现也不失为一种"善莫大焉"。不论是"善良的本性"，还是"良心的发现"，都诠释了善良的意义。美国作家马克·吐温称善良为一种世界通用的语言，它可以使盲人"看到"、聋子"听到"。心存善良之人，他们的心滚烫，情火热，可以驱赶寒冷，横扫阴霾。善意产生善行，同善良的人接触，往往智慧得到开启，情操变得高尚，灵魂变得纯洁，胸怀更加宽阔。与善良之人相处，不必设防，心底坦然。

播种善良，才能收藏希望。一个人可以没有让旁人惊羡的姿态，也可以忍受"缺金少银"的日子，但离开了善良，却足以让人生搁浅和褪色。多一些善良，多一些谦让，多一些宽容，多一些理解，让人们在生活中感受到美好和幸福。这是善良的人们向往和追求的，也是我们勤劳善良的中华民族所提倡和弘扬的。

"老猫修行，老鼠唱歌"，这句俗语是告诫人们善是有原则的，一味无原则地"修行"，其实本身就是对善的伤害。这句俗语来自于一则寓言故事：

猫是吃荤的，喂过猫的人都知道，有的娇猫，嘴巴非常挑，没有荤腥的菜饭，它连闻都懒得去闻。可是有一只老猫，拾到一串佛珠，它突然想：我一生作恶太多，只顾吃腥喝辣，来世再做猫不成？

这一天，它把佛珠挂在自己的脖子上，伏在窗台上，眼观鼻，鼻观心，口头念着“阿弥陀佛”还不知从哪里弄来一只木鱼，一边念还一边“滴滴哆”敲个不停。主人拿饭喂它，它也不想吃，事情也不做，从早到晚，从夜里到天亮，一心向佛，虔诚得很呢。

老猫成了佛，老鼠可高兴了，它们在洞里听到猫念佛的声音，争先恐后地从洞里跑出来观看。它们做梦也没想到，这个克星居然也修行向善起来，真是鼠辈们天大的喜事。

老鼠们拖儿带女放肆起来，一会儿拖衣服，一会儿咬箱子，一会儿集体偷油打破油瓶，一会儿又搞什么生日舞会，有的甚至跑到老猫面前拔胡子……

老鼠们乐疯了，主人可就惨啦。老鼠把家里折腾得不得安宁，晚上睡不得，白天坐不得。主人气愤地骂道：老猫修行，老鼠唱歌开庆祝会呢。你这老猫纵容老鼠这么闹腾下去，哪里是在修行，分明也是在作恶嘞！

老鼠闹翻天自然得益于老猫的不作为，这种冠以菩萨心肠的不作为，贴上了“善”的标签，自然就没人敢于反对了。但事实却是：老猫成了佛，老鼠成了精；老猫虽以慈悲为怀，却成就了老鼠的作恶多端。自然这种抑善扬恶的所谓善举是万万不可取的。善良来自成长过程，本质是心灵深处蕴藏的真诚。智慧来自博大，来自追求正确人生的一颗心。“老猫修行，老鼠唱歌”，让我们明白了：人不但要善良而且还要智慧；否则善良会被坏人利用。

清嘉庆年间，有一个叫周维城的人，因孝顺父母闻名遐迩。据说，一个老头看到周维城，没说几句话，就无可救药地喜欢上他了，当下，把女儿许配给他。

这个事有点夸张，但更特别的事还在后边。

一个曾跟他一起做过买卖的朋友，活得有点落魄，实在混不下去了，跑到他这里，希望能得到救济。周维城二话没说，拿出钱来资助他。

然而，朋友走的时候，有人从他的行囊里搜出了店里的东西，大家都很气愤，把这件事告诉了周维城。哪知，周维城赶紧让人把搜出来的东西放回到朋友的行囊里，而且特别叮嘱大家不要说破这件事。后来，朋友再来，周维城待他还像原来一样。

店里的伙计觉得他太过善良了。他笑笑，说，有两个人的故事，我一直忘不了，也讲给你们听听：

一个人姓吴，徽州人，在富阳一带做买卖。每年的年末，到了晚上，夜深人静，他都要怀揣好多金子，奔走在里巷之中。只要碰到穷人家，他就会把金子放在这家人的院里，而且做得悄无声息。也因此，好多穷人家的年，过得有滋有味，却没有一家知道，这钱是谁给他们的。

另一个人姓焦，江宁人。有一次，他带三百金来富阳做买卖，正赶上江水泛滥，好多人家都被水淹了。他急了，拿出三百金来，说，谁能拯救落入江水中的人，救起一个，我就给一金。此语一出，会水的人，纷纷下去救人。他没有食言，好多落难的人被挽回了生命。他出钱，为他们买吃的喝的，水患过去之后，还给他们盘缠，送他们上路。那一次富阳之行，他买卖没做成，却把三百金花得一干二净。

然而，自始至终，姓焦的商人没有说过一句可惜的话。

至于周维城讲完故事后，店里的伙计们怎么样了，我们无从得知。但周维城的故事让我联想到另一个人——陈光标。

有“中国首善”之称的企业家陈光标小时候家里特别穷，为了分担家里的贫苦，他挑着水到几里之外的集镇上去卖。他清楚地记得，尽管使出浑身力气吆喝，“卖水啦，卖水啦，一分钱随便喝”，可是没有人来买他的水。

就在这时候，一个让陈光标永生不忘的陌生人，走到了水桶前。他摸出两毛钱来，给了小光标，说：“孩子，我买水。”他只是象征性地喝了三两口，然后，留下一个微笑，走了。

当时的两毛钱，对小光标来说，不啻于一个天文数字。他紧紧地攥住了两毛钱，也为他的人生攥住了一颗善良的种子。而那个温暖的微笑，最终让这颗种子，长成了今天善行天下的参天大树。

把这两个人的故事写出来，我只是想说，在人性的美面前，有三种人：一种是麻木冷漠的人；一种是相形之下，意识到自身卑琐的人；而另一种人，却用温暖带给了他人温暖，用善良彰显了人性的光辉。

心与心的沟通，爱与爱的传递，本来是生活中稀松平常的举动。可是，为何有时爱心变成了奢望，善良也只能可望而不可即呢？反倒是那些看似毫不相干的人，在危难时伸出一双手，在渴望慰藉时掏出了一颗心。其实，爱是没有界限的，给善良设防的是冷漠的心。

人与人之间充满善意与亲和，是激励人们奉献爱心，忘我奋斗的动力，是消除内耗，形成一个和平、安定、幸福社会的重要原因。为了未来，我们更需要用善良和情爱来涤荡和净化我们的心灵。

善良的人是不糊涂的，他们是有所为有所不为的。他们不以善小而不为，不以恶小而为之。有的时候，善良的人不是不会自卫和抗争，只是不滥用这种“正当防卫”的权力罢了。因为善良的人深信，善良是幸福之源，善良才能和平愉快地彼此相处，善良才能把精力集中在建设性的有意义的事业上，善良才能摆脱没完没了的恶斗与自我消耗，善良才能实现身心的健康，善良才能天下太平。

善良的人是单纯的，他们拥有一颗广博的心。对于他们来说哪里都会是天堂，他们没有私心杂念，头脑“简单”，他们从不知道要去设防别人，在他们看来别人都和他们一样有善心。

善良的人是低调的。他们不会炫耀，不会卖弄，不随意抬高自己的人生价值，不会不遗余力地“推销”自己，他们会正确地估量自己的人生价值。善良的人总是把自己当成一个平常人，与别人没有什么两样。有一则谚语说得好：“口袋里装着麝香的人不会在街上大吵大嚷”，因为他身后飘出是香味已经说明了一切。

善良是一种智慧，是一种远见，是一种自信；是一种精神的力量，是一种身心的平安，是一种以逸待劳的沉稳；是一种文化，是一种快乐，一种乐观。

善良彰显人性的光辉。一个人只要有善心，就会变得有修养，有品位，他（她）会魅力一生的。

校园幽默

语文老师：“小军，你用要么……要么……造个句。”

小军想了想，然后大声喊道：“卖皮蛋了！要么？要么？”

乐交诤友不交损友

猎枪想跟小鸟交朋友，小鸟倏地逃离了枝头。“别怕，”猎枪说，“我是‘爱鸟’牌子的。”

香烟想跟肺病患者交朋友，那人赶忙躲得远远的。“别怕，”香烟说，“我是‘健康’牌子的。”

假商品想跟消费者交朋友，消费者连忙将它拒之门外。“笃笃！”假商品一面敲门，一面说：“请相信我，我是‘诚信’牌子的。”

牌子再漂亮，也难将“狐狸的尾巴”隐藏。

当你读了这则寓言故事，不知有何感想？如果你还不能有所思考的话，就让我们阅读一篇来自网络的真实故事，故事的主人公也和你们一样，身处人生的花季。

8月22日下午，任港派出所协同崇川公安分局刑警四区队民警在对南通长途汽车站附近某旅馆开展治安检查时，发现一男一女神情恍惚、言辞含糊。经尿检，两人尿液呈阳性，有吸毒嫌疑，民警遂将二人传唤至任港派出所接受进一步调查。

经审查，丁某交代了伙同龚某在宾馆开房吸食冰毒的违法行为，并交代了其在租住地多次容留龚某、祝某、朱某等人吸毒的犯罪事实。

据悉，丁某，女，1993年出生，南通海安人。今年夏天，丁某从某卫生学校毕业后，在南通市某医院谋得一份药剂师的工作，其同学对她羡慕不已。工作后不久，丁某结识了一男友，没料到竟是一个瘾君子。在其男友的诱骗下，丁某渐渐染上了毒瘾，无法自拔，不久就丢掉了工作。丁某遂破罐破摔，在明知自己已经怀孕的情况下，继续吸食毒品，全然不顾对腹中胎儿的影响，还多次容留他人在其租住地吸毒。

读罢女孩丁某的人生经历，不禁叫人唏嘘不已，为什么花季少女凋谢于人生的花季？也许我们会归咎于她吸毒成瘾，不能自拔。但这一切的肇始却是由于她的交友不慎，误入歧途。常言道：“近朱者赤，近墨者黑”，可见朋友对我们的影响之大，所以必须了解什么是益友，什么是损友。

真正的好朋友是能互相规劝、砥砺的。诤友与损友的区别在于：诤友在你危难时能够伸出手帮助你而不是疏远你，在你迷路时为你指点迷津而不是乘机拉你下水，在你犯错误时毫不留情地指出来而不是包庇。“在家靠父母，出外靠朋友”，除了亲人，朋友是我们人生道上不可缺少的一环人际关系，而且许多事情是靠朋友知交才能处理的。“交友之道”有哪些？如何才能得到真正值得交往的朋友？

朋友相交，贵在知心。真正的好朋友应该是患难与共，也就是当你需要的时候，他随时都会伸出友谊的手。所以朋友的定义应该是：

第一，难予能予——朋友有了困难，需要你的帮助时，即使自己有困难，也应该勉力而为。

第二，难作能作——帮朋友做事，只要是好事，纵使做起来不容易也要去做。因为朋友本来就应该互相帮助，能“难作能作”，足证友谊之坚。

第三，难忍能忍——朋友相处，有时难免会有一些误会，有一些看法上的不同，乃至在语言上发生口角，此时必须互相包容、容忍，尤其要难忍能忍。如果一点包容忍耐的胸襟都没有，再好的朋友也不能长久相交。

第四，密事相语——好朋友除了能在工作上互相帮忙、协助之外，尤其要能分享自己心里的一些秘密，譬如在做人处世方面，或者财务上、感情上、事业上的秘密，都能和朋友互相协商，一起分享。

第五，不揭彼过——好朋友可以规劝，可以勉励，但是不能张扬他的过失。你张扬他的过错，让他很难堪，就不是好朋友了。

第六，遭苦不舍——当朋友遭遇困难、痛苦、受灾受难的时候，你不可以舍弃他；不能因为朋友一时潦倒，就弃之不顾，这种势利眼的人日后也会遭到朋友唾弃的。

第七，贫贱不轻——和朋友相交，在他荣华富贵的时候固然很欢喜，万一贫穷、失意、受苦受难的时候，你也不能轻视他，能够贫贱不轻，才是真正的患难见真情。所以和朋友相交，贵在彼此相互帮忙、相互协助，你能付出多少，朋友必能回馈多少。

关于交友，著名文化学者于丹曾有过一段精彩的论述，我愿引用至此，以期与各位青少年朋友共勉之。于丹说，一个人有什么样的朋友，直接反映着他的为人。选择一个朋友，就是选择一种生活方式。朋友，从一个侧面体现了一个人的价值取向、人生观、世界观。俗话说，物以类聚、人以群分。这并不是说要把人分成三六九等，即使现实的可悲的社会中真正的平等仿如天方夜谭，但志同道合的人走在一起的机会总会相对多一些。共同的理想、共同的爱好、共同的处世哲学……正是在诸多可以彼此理解容纳的基础上，才会成为朋友。事实上，你不能期望贵族会从心里真正接受平民成为他们的一份子。他可能对你和蔼可亲、体贴照顾，那是一种教养、一种礼仪、一种体现自身优雅高贵的表现形式。但无法通彻地了解相互的生活习俗、知识结构、文化构成等等，又何来的沟通和所谓的心灵碰撞？又谈何长久的相处、融合及接纳？

“子曰：益者三友，损者三友。友直，友谅，友多闻，益矣；友便辟，友善柔，友便佞，损矣。”好的朋友是良师，他潜移默化地影响你的思想、行动，令你觉得快乐幸福，生活处处充满阳光；好的朋友不见得时时刻刻陪伴在身边，却可以在你需要的时候默默地站在你身边，也许仅仅是一个眼神、一句话语、一种态度、一份默契。但是再好的朋友，也是需要距离的，否则就是非爱行为，就是“事君数，斯辱矣；朋友数，斯疏矣”（如果你有事没事总是跟在国君（领导）旁边，虽然表示亲近，但离自己招致羞辱就不远了；你有事没事总是跟在朋友旁边，虽然看起来亲密，但离你俩疏远也就不远了）。

那么如何可以结交到好的朋友？最根本的，让自己成为真诚的、善良的、乐观的、幸福的人，使自己与这些美好的品德相贴近，让我们在生活中找准自己的方向，在现代生活匆匆的路途上，多一份艺术和智慧，多一份清凉与闲暇，多一份享受生活馈赠的心情。那么至少可以在与这样美好的人相遇时共品一杯茶。

校园幽默

老师上课突然指着我说：“把你旁边的叫醒起来解答黑板上这道题！”可我旁边两个人都在睡觉，这种情况应该叫醒跟我关系不太好的那个吧，于是我一巴掌拍醒了来听公开课的校长！

至善方能至美

在很久以前，有一个很有智慧的国王，名叫镜面。在他的国家里，除了他一人信奉佛法的真理之外，臣民们却信仰那些旁门左道，就好像怀疑日月的光明，反而去相信萤火的微亮一样。因此，这位国王常常感到很苦闷，他想：“我总得想出一个办法来教育他们，使他们舍邪归正才好！

有一天，国王突然召集他的臣子说：“你们去把国境内所有生下来就瞎了眼睛的人，找到宫里来吧！”于是这些臣子们便奉命分头在国内遍处找寻，隔了不多几天，臣子们都带着寻找到的瞎子回来了。镜面王很高兴地说：“好极了，你们再去牵一头象，送到那些盲人那里去吧！”许多臣民听见了这个消息都十分奇怪，不知道国王今天将要做些什么事，因此，大家都争先恐后地赶来参观。

镜面王在心里暗暗地欢喜：“真好，今天该是教育他们的机会了。”于是他便叫那些盲人去摸象的身体：有摸着象脚的，有摸着象尾的，有摸着象头的……

国王便问他们：“你们看见了象没有？”盲人们争着说：“我们都看见了！”国王又问：“那么你们所看见的象是怎样的呢？”

摸着象脚的盲人说：“王啊！象好像漆桶一样。”

摸着象尾的说：“不，它像扫帚！”

摸着象腹的说：“像鼓呀！”

摸着象背的说：“你们都错了！它像一个高高的茶几才对！”

……

因为他们生来从没有看见过象是什么样的动物，难怪他们所摸到的，想到的，都错了。但是他们还是各执一词，在王的面前争论不休。

于是，镜面王哈哈大笑地说：“盲人呀，盲人！你们又何必争论是非呢？你们仅仅看到了一点，就认为自己是对了吗？唉！你们没有看见过象的全身，自以为是得到了象的全貌，就好比没有听见过佛法的人，自以为获得了真理一样。”接着国王又问一般来参观的人说：“臣民们啊！专门去相信那些琐屑的浅薄的邪论，而不去研究切实的、整体的佛法真理，和那些盲人摸象，有什么两样呢？”

从此，全国臣民便舍邪归正，都虔诚地信奉佛教了！

这便是“盲人摸象”或“瞎子摸象”这个成语的来历。人们常以“盲人摸象”或“瞎子摸象”比喻看问题以偏概全。它的寓意是说不能只看到事物的一部分而应看全局才能了解事物的全面和真实情况。

这里我们暂且不对盲人只见树木、不见森林的片面和盲目说长道短，让我们理性地想想：为什么盲人摸象之后对大象的印象各不相同呢？这是因为盲人只摸到了大象身体的一个部分，他们只根据这一部分得来的印象就片面得出了大象像这个，又像那个，还为此争论不休。可见，看问题的角度不同，自然会得出不同的看法。苏轼有句名诗：“横看成岭侧成峰，远近高低各不同”，说的就是这个道理。

在我们生活中，这样的由于观察角度不同便得出不同看法的例子不胜枚举。就拿我们的审美来说吧。我们许多同学喜欢个性的服饰和打扮，有男生喜欢留长发，有女生喜欢剪短发；个别女生喜欢戴耳环，甚至沿着耳郭打好几个耳洞，有男生也东施效颦，打了耳洞；脖子上、手腕上，不分男女生，争戴各种装饰物；为了展示个人的所谓曲线美，部分男生、女生争相将校服裁剪，原来大方宽松的校服，一夜之间变成了健美裤；个别同学觉得黑头发过于平常，想着法子将头发焗成各色，以彰显个性之美……

由此看来，同学们是喜欢美、追求美的。对美的追求是人人享有的权利，这本无可厚非。但问题是：这样做是否就会获得美呢？难道美就是标新立异和与众不同？……这样的审美观其实反映了我们对美的无知和迷茫。

那么，什么是美呢？美是能够使人们感到愉悦的一切事物，它包括客观存在和主观存在。但是，认为美是能够使人们感到愉悦的一切事物，还不够准确，不应该是“使人们感到愉悦的一切事物”，只应该是其中的一部分事物。所以，美是事物促进和谐发展的客观属性与功能激发出来的主观感受，是这种客观实际与主观感受的具体统一。事物具有促进和谐发展的属性与功能是自然美，加工事物使它形成促进和谐发展的属性与功能是创造美，促进和谐发展的思想与情感是心灵美，创造和谐发展的行为与实践是行为美，追求和谐发展的精神是内在美，有利于和谐发展的仪表是外在美。

如果这样谈论美过于抽象的话，我们不妨从现实生活中去寻找美。当我们在生活中处处听到“您好、谢谢、请、对不起”等这些充满温情的话语的时候，你心里是否会感到一丝温暖呢？当你走进干净整洁的校园，漫步在花草绿丛中的时候，是否感受到一股清新的气息正拂面而来呢？当你走在井然有序的楼道的时候，是否感到安全和踏实呢？当你做了一件力所能及的好事，得到别人的赞许与肯定的时候，心中是否会升起一丝快意呢？当你给父母倒一杯水、道一句问候的时候，是否感受到了做儿女的幸福呢？……这样的幸福与快意，难道不正是我们苦苦追寻的美感吗？这些能带给我们美感享受的生活中的点点滴滴，难道不正是我们孜孜以求的美吗？是的，这就是美，无与伦比的美。

行文到此，我不得不说，作为对美的追求，我们要努力开发自然美、积极创造美、弘扬心灵美、实践行为美、培养内在美、修饰外在美。人的审美追求，在于提高人的精神境界、促进与实现人的发展，在于促进和谐发展、创建和谐世界，在于使这世界因为有我而变得更加美好。拉丁语中有句名言：“至善方能至美”，但愿我们每个人都能从此懂得美、创造美、培养美、弘扬美、践行美。同学们，你，做好准备，开始实践了吗？

校园幽默

我们学校的周围全是小区，有时候能闻到饭香味。那天正上课，我们班有一个女生突然说：“哇！！！好香啊，谁家在做回锅肉。”她后座的一个男生站起来拍着肚子说：“不好意思，刚刚我打了个嗝……“

学会自我保护

让我们先看看下面的几则报道：

“贵州狼父”杨世海对亲生女儿小丽(化名)使用开水烫头、鱼线缝嘴、跪碎玻璃、针扎手指等酷刑虐待长达5年之久。

某中学高一学生文某某、白某某两人曾发生口角纠纷。几天后，文某某与同班同学阳某某、李某某打球时正好和白某某在球场旁相遇后发生冲突，白某某用水果刀将阳某某、李某某刺伤，阳某在送往医院途中死亡，李某某重伤。

2004年4月12日下午，邯郸武安市一中学用于文化宣传的砖墙因经受不住风吹雨打，轰然倒塌。两名途经墙下的女中学生躲闪不及，被当场砸死。

2012年6月9日，哈尔滨市呼兰区方台镇高家村发生一起溺水事件，6名中学生在松花江边游玩时落入水中，其中4人死亡。据悉，事情的起因是一名女生在岸边洗手时不慎滑入水中，随行5名同学在营救时先后溺水。

2013年的一天，固原市某校学生罗某按信号灯过马路时，被一辆超速行驶的出租车撞倒，至今昏迷不醒。

这些触目惊心的新闻报道总会让人感到揪心般的疼痛，虽然我们今天的社会重视未成年人的健康成长，为未成年人设置了家庭、学校、社会、司法四道保护层，但是未成年人遭到意外伤害的事例仍然不断发生。

据了解，我国每年约有1.6万名中小学生非正常死亡。其中因意外伤害致死的占总数的26%。平均每天约有40多名学生死于食物中毒、溺水、交通或安全事故。近年来，虐童、伤童等未成年人意外伤害事件频繁发生，引起了社会民众的广泛关注。

暑假本来是孩子们的快乐时光，但每年这个时候也是安全事故多发季节，江河、池塘、水库……这些看似孩子们的乐园，往往成为吞噬他们生命的黑洞。

有一项调查表明，95%的学生家长对孩子的关心，排在第一位的就是安全，第二是健康，第三才是成绩。这充分说明了家长对孩子安全的关注程度。如何给孩子营造一个更加安全的学习、生活环境是学校、家长和全社会都应该关注的问题。

为什么本该被倍加呵护的未成年人一再成为受害者？未成年人该如何保护好自已？家长、学校、社会该怎样合力保护未成年人？

目前针对未成年的专门法律有两部：《中华人民共和国未成年人保护法》和《中华人民共和国预防未成年人犯罪法》。为了保护未成年人合法权益，我国已颁布的许多法律中，如《民法通则》《婚姻法》《义务教育法》等都对未成年人权益的范围以及保护作了明确的规定。

下面老师从不同角度给同学们介绍自我保护的方法：

● **怎么区分打架还手和正当防卫?**

一般说来，打架还手的一方，不属于正当防卫！这是因为正当防卫的第一个条件是必须针对不法侵害行为正在进行时，不法侵害行为包括有社会危害性的一般违法行为和犯罪行为，但主要是指犯罪行为，如杀人、强奸、抢劫、放火等，对这些行为，如果不果断采取防卫行动，使其停止非法侵害，将会对社会、对人身等造成重大危害。第二个条件是必须针对不法侵害者本人，不能迁怒于别人；第三个条件是正当防卫不能超过必要的限度。

打架还手就不同了，甲动手打了乙，乙完全可以通过合法途径，比如调节、索赔、报案、起诉……学生完全可以报告老师解决，没有必要一定要动手还击。动手还击引起互殴，不利于社会主义法制和社会秩序。所以，两人打架，不论何方被打致伤、致残，还手的一方一般不算正当防卫。如果因还手而使打架事态恶化，不论是先动手的造成的还是后动手的造成的，对方都要依法律负应有的责任。所以，避免打架是至关重要的。但如果遭到对方的非法暴力侵害，比如先动手的一方拿棍子或凶器施暴，你就应尽快躲开，脱离危险，并报告老师。但却不可以正当防卫为借口而还手打人，恶意伤害别人。

● **发现有人跟踪怎么办?**

上学和放学的路上，最好与同学结伴而行，遇意外时可以互相帮助。不要单独到荒凉、偏僻 、灯光昏暗的地方。

当发现有人一直跟着你时，你不用害怕，你可以尽快到繁华热闹的街道，商场等地方，想办法摆脱尾随者!

向路边的机关单位求救，如去机关单位的值班室；向身边的大人求救；如果是在校门口，就给家里打电话，让大人来接。关键是当只有你一个人时，要有警惕性，多动脑筋！为此， 生活中要多观察，记住家庭、学校周围的环境特点，尤其应熟悉派出所、治安岗亭、部队营区、大机关单位的地点。在紧急情况下，可以在这些地方得到帮助。

● 预防侵害的基本方法是什么？

1. 义正词严，当场制止。

当你受到坏人的侵害时，要勇敢地斗争反抗，当面制止，绝不能让对方觉得你可欺。你可以大喝一声：“住手！想干什么？”从而起到以正压邪、震慑坏人的目的。

2. 处于险境，紧急求援。

当自己无法摆脱坏人的挑衅、纠缠、侮辱和围困时，立即通过呼喊、打电话、递条子等适当办法发出信号，以求民警、解放军、老师、家长及群众前来解救。

3. 虚张声势，巧妙周旋。

当自己处于不利的情况下，可故意张扬有自己的亲友或同学已经出现或就在附近，以壮声势；或以巧妙的办法迷惑对方，拖延时间，稳住对方，等待并抓住有利时机，不让坏人的企图得逞。

4. 主动避开，脱离危险。

明知坏人是针对你而来，你又无法制服他时，应主动避开，让坏人扑空，脱离危险，转移到安全的地带。

5. 诉诸法律，及时报警。

受到严重的侵害、遇到突发事件或意识到问题严重时，家长和校方无法解决，应果断地报告公安部门，如巡警、派出所，或向学校、未成年人保护委员会、街道办事处、居民委员会、村民委员会、治保委员会等单位或部门举报。

6. 心明眼亮，记牢特点。

遇到坏人侵害你时，你一定要看清记牢对方是几个人，他们大致的年龄和身高，尤其要记清楚直接侵害你的人的衣着、面目等方面的特征，以便事发之后报告和确认。凡是能作为证据的，尽可能多得记住，并注意保护好作案现场。

7. 堂堂正正，不贪不占。

不贪图享受，不追求吃喝玩乐，不受利诱，不占别人的小便宜。因为“吃人家的嘴短，拿人家的手软”，往往是贪点小便宜的人容易上坏人的当。

8. 遵纪守法，消除隐患。

自觉遵守校内外纪律和国家法令，做合格的中小学生。平日不和不三不四的人交往，不给坏人在自己身上打主意的机会，不留下让坏人侵害自己的隐患。如已经结交坏人做朋友或发现朋友干坏事时，应立即彻底摆脱同他们的联系，避免被拉下水和被害。

● **预防侵害的基本原则是什么?**

1. 依靠法律，预防违法犯罪对自己的侵害

老一辈无产阶级革命家邓颖超指出：“教育孩子们从小学法、守法、用法。”《未成年人保护法》第四十六条规定：“未成年人的合法权益受到侵害的，被侵害人或者监护人有权要求有关部门处理，或者依法向人民法院提出诉讼。”中小学生要明确，依靠法律是预防侵害的首要原则，是自我保护的必备武器。

依靠法律，必须学法、知法。要学习宪法、刑法、治安管理处罚条例、义务教育法、未成年人保护法等有关法律法规，掌握必要的法律知识。要弄清什么是合法，什么是违法；什么是无罪，什么是犯罪；什么是自己的义务、权利和合法权益，什么是受到侵害；还要弄清家庭、学校、社会、司法对未成年人保护的内容和法律责任。

依靠法律，必须用法。要依法履行自己的义务和行使权利，并在违

法犯罪行为对自己形成侵害时，能够依靠法律手段进行自我保护。要做到：一克服“害怕对方报复，干脆自认倒霉”的错误思想；二克服“管它三七二十一，我私下找人报复”的错误做法。总之，就是要在法律允许的范围内自我保护，而不能用个人感情代替政策、法律。

2. 依靠组织，预防违法犯罪对自己的侵害

这里所说的组织，一般是指侵害发生地或自己所在的街道办事处、派出所、居委会、村委会、学校等部门。其中有的街道、区县还专门成立了未成年人保护委员会。根据法律规定：“对侵犯未成年人合法权益的行为，任何组织和个人都有权加以劝阻、制止或者向有关部门提出检举或者控告。”由于对本地区、本部门的社会治安和人员活动等情况熟悉，这些组织就会依据法律，在自己的权限范围内及时妥善地处理解决未成年人受侵害的问题。

3. 依靠群众，预防违法犯罪行为对自己的侵害

包括中小学生家长在内的广大群众，对破坏社会治安、危及中小学生人身安全合法权益的违法犯罪活动深恶痛绝，盼望通过综合治理和严打使社会稳定、使中小学生受到保护而健康成长。群众的眼睛雪亮、智慧丰富、威力无穷，不断涌现出保护少年儿童、见义勇为的好市民、好青年、好干部。所以，当中小学生受到违法犯罪分子的侵害时，要千方百计地求助身边的群众，共同来对付坏人。当群众勇敢而义无反顾地和违法犯罪分子做斗争时，违法犯罪分子将成为过街老鼠，无藏身之地。

4. 依靠智慧，预防违法犯罪行为对自己的侵害

勇于斗争，相信正义必将战胜邪恶；不能怯弱，不能束手待毙，不能让坏人为所欲为，这是中小学生预防侵害的必要前提。

● 怎样对待网上认识的朋友？

网络的发展，让人与人沟通更方便、更快捷。但网上的人员同社会

一样是形形色色的。所以，对在网上认识的朋友应保持一定的警惕性。不要轻易将自己家庭的情况告知对方，更不要轻易单独与之见面！

● 当有人公然抢劫你的物品时，应采取怎样的自卫措施？

中小学生遇到抢劫时，应以保护自身生命和安全为首要原则，不要过多地顾及财物。不到万不得已，不要硬拼，避免造成更大的损失。关键时应大声呼救，及时报警。

报警时，应确认对方是110报警台后再述说。尽量明确地告知出事地点、坏人的人数，是否有武器和交通工具的种类等细节，还要留下联系办法。如果你是处在和坏人周旋的危险中拨打110，应注意隐蔽和轻声！

● 当你野外遇到危难时，请你运用下列方法：

1. 国际通用的求救信号是使用声响、烟雾或光照，频率是每分钟6次，停顿1分钟后，重复同样信号。

2. 在夜间可以用火堆求救，最好是3堆。白天可以使用烟雾，方法是先点燃一堆火，在火上放青草，就会发出白烟。

3. 可以用树枝、石块或衣服等物品在空地上做出SOS或其他信号，如可以将草地上的草拔出或割掉，形成SOS形图案。字要尽可能大些，一般长度在5m~10m左右。

4. 常用的国际民航地空联络符号有：｜——受伤需要医生；｜｜——需要药品；F——需要水和食物；X——不能前进；↑——我正朝此方向前进。

一旦遇危难，信号要明显。

国庆期间，几个大学生外出野营。由于贪恋山中景色，加上带有冒险心理，几个大学生向山里越走越深，渐渐辨不清方向了。大家开始并不在意，但随着夜幕的降临，他们依旧在崎岖的山间寻找路途，心里渐渐发慌了。小林要大家别着急，先找到方向再说。可是四周都是大山、丛林，天又下起了雨，方向难辨，又湿又冷。大家只好找了个山洞暂时避雨。这样，一夜过去了。

第二天清晨，雨虽然小了，但阴沉的天气使大家不知道太阳是在哪个方向，凭记忆寻找回去的山路，转来转去又回到了原地。小林想起了军事院校的同学曾讲过的一些野外生存、求救的方法，便带两个人到山顶上用松枝燃起了火。火着了以后，他们把青草盖在了上面，顿时，白色的烟雾向上升腾。他们连着两天用这种办法求救，终于被救援的人发现，脱离了险境。

● 面对“小霸王”不卑也不亢

校园是我们健康成长和努力学习的美好乐园。为什么校园里会发生暴力事件？这必定是有原因的。

认真调查分析一下，有以下几种情况：孩子在家里是重点保护对象；家长脾气暴躁，并且经常在酗酒后打骂孩子；父母离异，从小失去家庭温暖。这样的环境中成长的孩子，大都有些性格怪异。

另外，随着年龄的增长，有些孩子结成“团伙”，名为讲“义气”，实际专门欺负弱小或是他们看不顺眼的同学。

由此可见，校园暴力多与某些学生的生活环境和所形成的不健康心理相联系，由于家长、老师、同学不满，以盲目反抗情绪和攻击的态度对待别人；也有的孩子从小缺乏与同龄人的正常交往，不会与人和睦相处，养成了随便打人骂人的坏习惯。

面对校园“小霸王”，你可以试试下列方法：

1. 尽量不与“小霸王”们发生正面冲突，惹不起可以先躲开。

2. 如果对方过于强大，可以先把钱物给他们，然后报告老师和家长。

3. 在劫持者经常出没的地带，可以请警察出面干预。

4. 同学们上下学时最好结伴一起走。

● 在你外出的时候，最好能做到下列几点

1. 先告诉父母自己去哪里，大约何时回来，与谁在一起，联系方法是什么。

2. 尽可能结伴而行。

3. 单独外出要走灯光明亮的大道，不抄近道走小路。

4. 在僻静的马路上，面对车流行走，不背对车流，以免有人停车袭击。

5. 夜晚单独外出，要带手电筒、哨子、报警器等物品，万一被袭击，可用手电照射匪徒面部，吹哨求救等。

6. 不搭乘陌生人的顺路车。

7. 乘地铁时，和其他乘客坐在一起，尽可能坐在靠近站台出口的车厢，坐靠近车门的位置。

8. 乘公共汽车，尽量靠近司机和售票员或者长者。

9. 提包要斜挎在肩上，包不要背在靠马路一边，以防坏人抢掠。

10. 家门钥匙放在身上不易被发现的地方（如兜内、脖子上、衣服内），也不要放在包里，即使被抢，你仍可进家门。

11. 走夜路时，一定要昂首挺胸，即使害怕，也要抖擞精神，要让企图袭击你的人望而却步。

12. 如怀疑有人跟踪，应试着横过马路，看看那人是否仍跟着你。若该人紧跟不舍，你应跑向附近人多的地方报警求救。

13. 横穿地下通道时，谨防抢劫者在地道两头围截，要结伴行走或跟随大人一起走。

14. 要尽量避免在无人的汽车站等车，这样，你容易成为坏人袭击的目标。

同伴溺水后怎么办？

每年，因游泳发生意外死亡的事故不在少数，其中大多数是由于溺水后抢救不及时造成死亡。应该怎样救护呢？

1. 要大声呼救成年人前来救人。因同学们力气小，即便是水性好，在水中救人也很困难。

2. 要救人，最好是携带救生圈、木板等漂浮物去救人。要注意，不要被落水的同学把你紧紧抱住，否则会双双下沉。

3. 也可在岸边用长竹竿或绳子投向落水者，让他抓住，拉上岸，以协助其自救。

4. 岸上抢救。让溺水者平躺，头偏向一侧，协助其将口、鼻内的泥沙和水吐出来。假如呼吸很微弱或已经呼吸停止，要马上做口对口人工呼吸和在胸部正中进行压挤，帮助其心脏恢复跳动。经过20～30分钟的抢救，也许会醒过来，眨眨眼睛或出现微弱的喘气。

5. 情况严重的，应在救人开始就拨打“120”急救电话，请医生来现场救护。不要一救上岸就急着送医院，这样有可能死在路上。

对性侵害的防卫措施

1. 关注所处周围环境。性侵害犯罪作为一种特殊的犯罪行为，犯罪分子往往注重作案环境的选择以求作案的“成功率”，减少作案风险，所以女学生对自己的生活、居住环境要加倍关注。晚上尽量不要外出，有事外出也要尽早回来，夜晚外出或在校内行走最好结伴而行，行走时要选择行人较多，路灯较亮的明亮道路行走。经过树林、建筑工地、废旧房屋、桥梁涵洞等处时要特别小心。在学校公寓或校外租房处就寝时，要避免独处，特别是节假日期间，晚上睡觉时要关好门窗，拉上窗帘。

2. 谨慎结交新朋友。根据调查表明，有63%的性侵害是发生在相互认识的熟人中间。因此，女学生在与同学、老乡及朋友(网友)或异性老师的交往过程中要注意对方交往的目的，留意对方日常言行中表现出来的人品、道德修养。如发现对方时常有过分亲昵、挑逗等预兆性言行时，要及时果断地终止来往，绝不能创造与其单独相处的机会。

3. 头脑清醒控制情绪。女学生在遭受性侵害之际，保持头脑清醒，情绪稳定是最重要的，只有设法使自己沉着、冷静，才能明白性侵害者意图，与其周旋，从而找出摆脱困境的方法。如果被害人处于危险时惊慌失措，大喊大叫，谩骂对方，相反会助长犯罪分子的攻击性，导致性侵害的发生。

4. 明确意愿态度坚决。有时性侵害行为是性侵害者错误地理解了被害人的意思后发生的。因此，女学生遇到别人要对自己进行性侵害时，应当恰当而且坚定地表明自己的态度，阻止性侵害行为的发生。明确表示，能够有效防止熟人之间的性侵害行为发生，也能够使一些陌生的性侵害者丧失信心，放弃性侵害的企图。

● 发生性侵害后的应对措施

1. 及时报案不要拖。女学生一旦遭遇性侵害事件后，要打消顾虑，及时向有关部门报案，惩治不法侵害人。不能因为害怕名誉受损，将苦果自己咽下去，这样会使犯罪分子逍遥法外，也使更多的女性受害。

2. 配合调查要积极。性侵害发生后，在报案的同时，被害人要将侵害的有关物证保留好，并将犯罪分子的体貌特征、衣着打扮、口音、携带物品、受伤状况等情况如实地向有关调查人员反映，为公安机关破案提供线索，将罪犯绳之以法。

总之，社会是复杂的，在我们和谐美丽的环境下，也可能隐藏着一些阴暗和危险的因素，青少年要学会一些必要的自我保护的方法和技巧，这才是保护自己的最可靠武器。

校园幽默

最近不爱学习爱玩手机的人特别多，班会上班主任火冒三丈怒诉：“真不知道游戏有什么好玩，你就说你们挂那个QQ有什么用！挂一年又怎么样，得到什么了？”

全班寂静，角落里传来一个弱弱的声音：“一个太阳！”班里顿时沸腾……

后记

世界上最可怕的力量是习惯，世界上最宝贵的财富也是习惯。一个集体,一个企业，一个国家，一个民族是如此，对于一个人的一生，更是如此。生而为人，每个人都需要踏踏实实地做人。管得住自己，你是习惯的主人，管不住自己，你是习惯的奴隶，做主人还是做奴隶，全在于自己的选择。

家庭是人生的第一学堂，父母是孩子的第一任老师。家庭教育对于一个人的人生观形成具有极为重要的作用。90后一代，大多是独生子女，在父母的溺爱呵护中长大，在重智力教育、轻道德伦理教育的环境中成长，他们中有很多人只知道从父母那里索取，而不知道付出，更不做任何具体家务劳动，衣来伸手，饭来张口。孝敬父母在他们眼里是感性而模糊的，更不要谈如何孝敬父母，如何为人子女了。但我认为，学会承担、学会自立、学会交流、学会感恩，是当代每个中学生都应该做到的。

学校是教育场所，老师承担传道、授业和解惑之责。我们学到的文化知识和科学知识，大多是从这里获得的。学校教育对于学生掌握一技之长，乃至就业升学具有关键作用。学校不仅是培养学生生存发展技能的场所，更是完善人性、提升人格的精神教场。然而在中学期间，学校的德育基本上是大而空的政治教育，没有注重贴近学生生活实际，培养学生养成良好的道德行为习惯。在应试教育的“指挥棒”下，学生的品行习惯越来越差，这将严重影响其人格发展。细节决定成败，习惯成就未来，良好的品质和行为习惯是学业成功的保证。

社会是一个大课堂。无论是走到商场，还是大街上，抑或是就业后在工作单位，其实我们都在接受社会的某些信息。这些信息也是一种教化，甚至是更真实的教化。如果家庭教育和学校教育脱离实际，那么，当一个人走出家庭和校园，来到社会这个课堂时，就会感到茫然，甚至怀疑在家庭和学校受到的教育。因此，社会的净化，是我们共同的责任。学会适应社会，是中学生必须接受的人生课堂。

在多元文化并存、信息爆炸的今天，我们被良莠不齐的文化与信息包围着。而在校园中成长起来的中学生，对社会缺乏基本的甄别能力，无法确立多元文化背景下的主体性与人生观。由此，衣食无忧、条件优越的当代中学生，却成为精神失落、信仰倒塌的一代人，在这个多元、复杂、分裂的社会中很容易迷失自我，随波逐流。在这个花一般的季节，很多人会感到迷茫，不知道人要追求什么，更不明白人生应该信仰什么，做人做事难免会出现偏颇。作为教育工作者，我们有责任帮助青少年找准人生的航向，树立正确的价值观，养成良好习惯，成就未来人生。

本书的出版得到了固原市原州区教育局的大力支持，在本书的编写过程中，固原六中的吴正儒校长也热情参与、积极协调，并提供了许多宝贵的修改意见，在此一并表示感谢！希望这本著作能深入广大中小学生心灵，为尚在迷茫中的中小学生指点迷津，拨开云雾。

编者

2015年12月29日